Dmitry Medoev

270 ANS

La première ambassade d'Ossétie à Saint-Pétersbourg

The first Embassy of Ossetia in St. Petersburg
Первое посольство Осетии в Санкт Петербурге

(1749 - 2019)

Éditions Dédicaces

Publié par les Editions Dédicaces.

ÉDITIONS DÉDICACES LLC

www.dedicaces.ca | www.dedicaces.info
Courriel : info@dedicaces.ca

Dmitry Medoev

270 ANS

La première ambassade d'Ossétie à Saint-Pétersbourg

The first Embassy of Ossetia in St. Petersburg
Первое посольство Осетии в Санкт Петербурге

(1749 - 2019)

La première ambassade d'Ossétie à Saint-Pétersbourg

Au lieu de la préface

La chronique de l'amitié et de la fraternité entre les peuples de Russie et d'Ossétie du Sud s'inscrit dans les annales de l'histoire. Le peuple d'Ossétie a longtemps considéré la Russie comme son allié naturel et fiable.

Dans ce livre, l'ambassadeur extraordinaire et plénipotentiaire de la République d'Ossétie du Sud en Fédération de Russie H.E. M. Dmitry Medoev met l'accent sur les événements qui se sont déroulés au milieu du XVIIIe siècle, période au cours de laquelle les relations officielles entre la Russie et l'Ossétie ont été établies. C'était une époque de forte montée en puissance de l'empire russe, qui jouait un rôle actif sur la scène internationale après les réformes de Pierre I. Et au même moment, au cours de la nouvelle phase de consolidation ethnique, le peuple d'Ossétie était forcé faire un choix sérieux. C'est la raison pour laquelle la première ambassade d'Ossétie est partie à Saint-Pétersbourg.

Et c'est ainsi que la coopération étroite et multiforme a commencé et elle a porté ses fruits. Cette déclaration peut être confirmée par le rôle considérable joué par les représentants de l'Ossétie dans divers domaines de la vie en Russie au cours des prochaines années, y compris pendant la période soviétique.

Les liens d'amitié et de fraternité ont fait leurs preuves en août 2008, lorsque la Russie s'est mobilisée pour défendre l'Ossétie du Sud de la perfide agression du régime de Saakashvili. La Fédération de Russie est devenue le garant de l'indépendance de l'Ossétie du Sud, garant du renouveau et de la montée en puissance de la jeune république, qui doit devenir un pays démocratique moderne. Aujourd'hui, Moscou et Tskhinval sont liés par une entente cordiale globale reposant sur une base juridique solide. Nous souhaitons sincèrement au peuple d'Ossétie du Sud de réussir et à l'aider dans la réalisation des objectifs à grande échelle de l'édification de l'État.

Lorsque les relations diplomatiques entre nos pays ont été établies, l'ambassade d'Ossétie du Sud est réapparue dans la capitale de la Russie. La légation contribue au développement intégral des relations russo-ossètes.

Cette recherche est basée sur une base scientifique et est en même temps écrite dans un langage simple par le diplomate professionnel et mon respecté collègue Dmitry Medoev. Il représente une contribution utile à la création d'une histoire impartiale du Caucase et une réponse convaincante à ceux qui tentent de dénaturer le rôle de la Russie et de renforcer la coopération entre la Russie et le Caucase.

L'analyse des prémisses et des circonstances historiques du premier contact officiel entre les représentants de la Russie et de l'Ossétie confirme notre conviction que l'alliance de Moscou et de Tskhinval sera renforcée dans l'avenir pour le bien des deux pays et pour le maintien de la stabilité et de la sécurité dans le pays. la région.

GREGOIRE B. KARASIN,
Secrétaire d'État
Vice-ministre des affaires étrangères
de la Fédération de Russie

Ossétie - Russie : 270 ans de relations bilatérales

Pendant les 270 dernières années, les relations ossètes-russes ont passé des périodes difficiles. Les vents nouveaux et les bouleversements historiques ne pouvaient pas détruire la base et les liens serrés construits dans ces temps éloignés par nos ancêtres. Des racines historiques communes et l'affinité spirituelle, des relations bilatérales et d'aide mutuelle - c'est ce qui distingue la relation entre la Russie et l'Ossétie.

Pour tout le temps d'allégeance à l'Empire russe et plus tard dans le cadre de l'URSS, les Ossètes ont beaucoup ajouté à l'histoire contemporaine, participant activement dans presque tous les événements significatifs dans le pays, à partir du XVIIIe siècle jusqu'à aujourd'hui. Personne ne peut jamais douter des avantages de ce choix historique.

Au stade contemporain, l'union russo-ossète n'a pas seulement été préservée. Elle s'est renforcée et a atteint un nouveau niveau de coopération. Ceci est prouvé par les événements d'août 2008, quand, malgré de fortes pressions, la Russie a défendu le peuple frère de l'Ossétie, qui était menacé de disparition physique en raison d'une agression barbare.

Le facteur décisif pour déterminer le sort futur de l'Ossétie du Sud était la position du gouvernement russe, plus la volonté inflexible du peuple ossète, qui a prouvé au monde entier la gravité de ses intentions, en particulier au cours des 20 dernières années de lutte pour l'indépendance. La première ambassade ossète, qui existait en 1749-1751 et qui était dirigée par Zurab Magkati, pourrait démontrer à la Russie la nécessité d'une union souveraine avec l'Ossétie dans des conditions politiques difficiles. Cette victoire politique de la diplomatie ossète, du point de vue actuel, peut à juste titre être considérée comme un exploit envers l'Ossétie en tant que nation.

Aujourd'hui, l'ambassade de la République d'Ossétie du Sud dans la Fédération de Russie, établie 260 ans après de tels événements historiques, est un successeur historique de la première ambassade de l'Ossétie à Saint-Pétersbourg et poursuit honorablement la ligne générale développée par ses prédécesseurs : l'union avec la Russie, l'union au nom de l'avenir de nos nations.

Avec gratitude et honneur de la mémoire des ancêtres.

Contexte de la Relation Russe-Ossète

L'Alanie du Moyen Âge, l'État des Alaniens, dont les descendants sont des Ossètes contemporains, a été détruite par de multiples invasions aux XIIIe-XIVe siècles. De longues et cruelles guerres épuisèrent les Alans et conduisirent le pays à une catastrophe démographique. Les gorges étroites de la Grande chaîne de montagnes du Caucase étaient un abri sûr pour les petits groupes qui pouvaient survivre à ces guerres et se replier au sud-est de l'ancienne et puissante Alania.

Etant privés de leur souveraineté, les Alaniens-Ossètes ont été autorisés à vivre dans des communautés réservées, pendant plusieurs siècles, résistant aux multiples raids et invasions dans les montagnes éloignées. Ils ont conservé leur foi chrétienne et leur langue, les coutumes et la culture anciennes. Ils pourraient sauver la nation de la disparition physique dans ces conditions rigoureuses.

Les Ossètes vivaient dans des communautés, ressemblant à des cantons unis en une seule confédération, mais ayant une gouvernance complètement indépendante. Au XVIIe-XVIIIe siècle, l'Ossétie avait assez de population et de ressources pour fixer des tâches non seulement pour sa survie physique, mais aussi pour une stratégie : recréer sa souveraineté perdue.

Les Ossètes étaient limités au centre du Caucase montagneux, où les ressources pour le développement social, politique et économique étaient rares. Bien que les plaines du Caucase central, où les restes des anciens temples chrétiens alaniens subsistent, soient inhabitées, les Ossètes ne pouvaient pas retourner sur leurs terres d'origine parce qu'ils avaient peur des agressions permanentes des tribus proches, qui contrôlaient toutes les communications

.En outre, l'Ossétie entourée de territoires plutôt peu amicaux, a souffert de diverses oppressions et tentatives de vassalité. Même les territoires Kartli et Imeretian vilayet, qui étaient respectivement des vassaux entièrement perses et turcs, ont essayé de mettre la main sur les régions montagneuses de l'Ossétie soit par ruse ou par la force. Et les communautés ossètes situées dans les contreforts caucasiens ont été menacées en permanence par des raids de groupes tribaux soutenus par la Crimée Khan.

Néanmoins, il n'y avait pas d'autre solution que de revenir dans la plaine, mais les Ossètes ont compris qu'ils ne pourraient pas faire face à de telles difficultés sans aucune aide. En Ossétie, ils ont alors plus souvent prêté attention à la possible union avec la Russie.

Actuellement, en ces temps lointains, le Caucase était l'arène d'un combat de puissants empires, qui essayaient d'impliquer les nations nord-caucasiennes dans leurs unions stratégiques militaires. Les positions de la Russie dans le Caucase pendant cette période ont été affaiblies après l'entrée dans le Traité de Belgrade après la fin de la guerre russo-turque en 1739.

Ce traité a réduit au minimum l'activité de la Russie dans la région. Ce n'est qu'après l'adhésion de la fille de Pierre le Grand, Elizaveta, en 1741, que la politique de la Russie dans le Caucase a acquis un cadre cohérent et de nature stratégique.

La recherche par les Ossètes d'un allié politique et d'un défendeur dans une puissance voisine du Nord au milieu du XVIIIe siècle coïncida avec l'intérêt géopolitique ressuscité de la Russie par rapport au Caucase. L'Ossétie occupe une position géographique favorable au centre du Caucase, ce qui en a fait un passage sur son territoire au sud, en Transcaucasie et ainsi de suite.

Un des premiers décrets de l'impératrice Elizaveta Petrovna fut l'autorisation de la propagation du christianisme parmi les non-chrétiens. Elle a créé des *« commissions spirituelles »* qui seront envoyées au Kamchatka, à Pékin et au Caucase.

En novembre 1742, Mgr Joseph et Archimandrite du monastère de Moscou Znamensky Nikolai ont rédigé un rapport à l'impératrice proposant le baptême des Ossètes et leur adoption de l'allégeance russe.

Il est très important que, dans le rapport, les Églises précisent la population approximative : *« Plus de 200 mille personnes des deux sexes »* et leur christianisme, « *depuis l'Antiquité, une telle nation ossète a été chrétienne orthodoxe... »*.

Le fait que les Ossètes n'étaient pas des Aallégéants pour quiconque était d'un intérêt particulier : *« Et actuellement cette nation multiple... c'est sa volonté. »* Ni les Turcs, ni les Perses, personne ne les possède. Ces premières données sur l'Ossétie ont été surmontées par l'information sur les ressources importantes de l'Ossétie montagneuse, qui a suscité l'intérêt du parti russe : *« Leurs lieux sont riches en or, argent, et d'autres minerais et minéraux, et beaucoup de pierres précieuses »*.

Avec ce rapport, en 1743, les anciens d'Ossétie représentant différentes communautés s'adressèrent à l'impératrice russe. La lettre énonçait clairement les intentions des Ossètes *« ... d'être sous la protection de l'impératrice Elizaveta »*.

Cette allocution a montré que les communautés ossètes formaient des dirigeants politiques qui n'étaient pas simplement prêts à formuler des tâches au niveau de l'État, mais suggéraient leurs solutions.

Zurab Magkati de Zaramag était l'un des chefs de file de l'ensemble des Ossètes: un homme politique instruit et compétent possédant de bonnes connaissances du Caucase et de la Russie. Le discours, qui a sans doute été préparé avec sa participation, contient le programme politique de l'Ossétie alors existante sous une forme laconique: une union stratégique avec la Russie, le retour des Ossètes à la plaine et à la sécurité nationale.

Création de la Commission Spirituelle Ossète

L'activité missionnaire était le meilleur moyen pour la Russie d'établir des contacts avec ces régions. C'est pourquoi l'Impératrice Elizaveta, par son décret, a chargé le Conseil des affaires étrangères d'établir un rapport complet sur l'Ossétie après un examen approfondi de toutes les questions d'intérêt pour la Russie.

Le 5 janvier 1744, le chef du Conseil des affaires étrangères, le chancelier Bestuzhev-Ryumin, après un examen approfondi du *"cas Ossète"* en ce qui concerne plusieurs sources, a présenté son rapport sur l'Ossétie au Synode où il a souligné la pensée importante pour la Russie : Les Ossètes sont une nation libre, sous la propriété de personne et sont de bon d'esprit à la Russie. Le Synode a ordonné de créer la Commission Spirituelle Ossète et de l'envoyer en Ossétie.

La première Commission Spirituelle Ossète a été formée par le Synode en 20-30 du XVIIIe siècle. La commission était dirigée par l'archimandrite Pachomius et comprenait les hégumens Christopher et Nikolai, plusieurs ecclésiastiques et traducteurs ossètes, Andrew Bibibryulev (Bibilté), qui parlaient les trois langues. Envoyer la première commission spirituelle et, en particulier, la participation de la Russie à cet événement étaient confidentiels.

En février 1745, la Commission Ossète lègue Moscou pour l'Ossétie, et le 12 juin de la même année l'Archmandrite Pachomius, les hégumens Christopher et Nikolai, le hiéromonk Ephraim ont soumis leur premier rapport au Synode, où ils ont confirmé la disposition des Ossètes à être baptisés.

Les brefs libellés du reportage des ecclésiastiques supposaient clairement la foi dramatique de l'État chrétien alanien, dont la nation, pendant les quatre siècles de grave isolement dans les gorges de montagne inaccessibles, conservait encore sa foi, bien qu'elle ne comprenait pas toujours le sens des cérémonies et des prières.

Les missionnaires écrivirent au sujet des restes des temples chrétiens de Petite Kabarda sur les territoires de la plaine, où se trouvait l'ancien village alanien, que les Ossètes *« gardèrent tout le Carême et le jeûne pendant une semaine avant Noël »*.

Il convient de noter l'observation contenue dans le rapport selon laquelle *« les Ossètes sont un peuple militaire et adorent les bonnes armes, ils traitent les armes comme le font les Russes »*. Le rapport a été complété par les informations importantes pour le Parti russe pour lequel ils ont conçu toute l'expédition missionnaire et que les dirigeants ossètes ont tenté de faire remarquer à l'Impératrice : *« Les habitants de haut rang veulent beaucoup aller en Russie et prêter allégeance à Sa Majesté impériale et souhaitent y être baptisés si on leur en donne l'ordre »*.

Il a fallu un certain temps au gouvernement russe pour surmonter les craintes de politique extérieure et procéder à certaines actions pour la réalisation du programme de perspective de développement du Caucase. Le Saint Synode au cours de l'année suivante 1746 a examiné la *"question ossète"* deux autres fois, en examinant les nouveaux rapports de la Commission spirituelle ossète élaborés et apportés à St. Pétersbourg par l'hiéromonk Ephraïm. Il est de nouveau évident que Zurab Magkati a mis la main sur ce document, et qu'il a bien compris qu'il est nécessaire de garder l'intérêt du gouvernement russe sur l'Ossétie avec tous les moyens possibles.

Dans le premier rapport, en plus de la disponibilité de la nation ossète à être allégeante à l'Empire russe, il contenait le « registre » des minerais métalliques découverts en Ossétie. La liste comprenait : argent, plomb, alun, agate, soufre combustible, nitre, grapholite, minerai d'or, mica, cristal naturel, minerai de cuivre, marbre, minerai de fer.

Le deuxième rapport de Hieromonk Ephraim contenait certaines informations sur les personnes âgées ossètes qui désiraient se rendre à St. Pétersbourg pour être baptisées et assumer l'allégeance russe. Parmi les autres, Zurab Magkati a notamment indiqué que Zurab *« provenait des mêmes Ossètes de Kasri (gorge de Kasara) et qu'il avait été bien élevé et baptisé d'un nourrisson »*.

En fait, c'était la liste des candidats qui pouvaient faire partie de l'ambassade d'Ossétie, compte tenu de la résolution pertinente du gouvernement russe. Ainsi, le parti ossète a lui-même initié des négociations grâce à la position politique rigide de Zurab Magkati et à sa participation active à la préparation de la plate-forme nécessaire aux négociations russo-ossètes.

Le 15 juillet 1746, l'impératrice Elizaveta promulgua un décret invitant les ambassadeurs ossètes à Saint-Pétersbourg. Le 14 août, selon le décret du Bureau des Affaires Etrangères, le Sénat a décidé *"l'arrivée en Russie de l'Ossétie pour baptiser et d'autres... secrets..."*.

Les nouvelles sur la planification des négociations russo-ossètes ont rapidement atteint l'Ossétie et a suscité une grande inspiration parmi toute la population qui a reçu espoir pour la protection et le soutien russes. Dans de nombreuses communautés de l'Ossétie, le peuple a organisé des fêtes en l'honneur de l'impératrice russe, tandis que Zurab Magkati, en tant qu'initiateur de tout le processus, a dû former la structure de l'ambassade et se préparer à partir pour Saint-Pétersbourg.

Il s'est attaqué à la question avec une responsabilité considérable, démontrant une pensée politique exclusive – Zurab Magkati a organisé une ambassade composée de cinq représentants des sociétés ossètes de chaque région historique : Digoria, sud, sud-est et centre de l'Ossétie.

À l'automne 1746 l'ambassade a été formée complètement, mais son départ pour St. Pétersbourg a été retardée pour trois autres années. Cela a été causé par les intrigues des ecclésiastiques géorgiens dirigés par Archmandrite Pachomius qui a servi dans la Commission Spirituelle Ossète qui, pendant tout le processus de rapprochement entre la Russie et l'Ossétie, n'a poursuivi que leurs objectifs corrompus.

Le Sénat a examiné les circonstances de l'affaire Ossète et a conclu que, d'une part, personne ne peut les interdire de baptiser les Ossètes puisqu'il s'agit d'un processus volontaire, parce que l'Ossétie est une nation indépendante.

L'union de la Russie et de l'Ossétie était contraire aux intérêts de la Turquie, de la Perse et de la Crimée Khanate qui résistaient à peine au rapprochement entre la Russie et le peuple du Caucase du Nord.

Les provinces marionnettes géorgiennes orientales et occidentales, vassales de la Turquie et de la Perse et féodales distinctes kabardiennes, ont essayé d'étendre leur influence pour inclure l'Ossétie.

Pendant ce temps, le gouvernement russe a toujours décidé d'inviter l'ambassade d'Ossétie à Pétersbourg, mais il a été ordonné de ne pas donner de réponse sur l'adhésion de l'Ossétie à la Russie en raison de la crainte de relations aggravées avec la Turquie et la Perse.

Les anciens d'Ossétie, dont Zurab Magkati, arrivèrent à Kizlyar le 8 février 1748 et envoyèrent une autre lettre à l'impératrice. La lettre détaillait expressément l'intérêt de l'Ossétie pour le bien duquel il était logique d'aller à Saint-Pétersbourg pour des négociations : *« Nous espérons que la princesse miséricordieuse, en vertu de notre pétition, nous acceptera pour l'allégeance éternelle et nous sauvera sous sa protection avec sa grande miséricorde ».*

Ambassade d'Ossétie

Par son nouvel ordre émis en mai 1749, l'impératrice Elizaveta programma des négociations avec l'Ossétie.

Zurab Magkati, en soulignant toute l'importance souveraine des affaires à venir, a traité la formation de l'ambassade comme un véritable chef de nation – il a choisi la délégation par principe territorial.

Ainsi, la première ambassade historique d'Ossétie comprenait trois représentants de familles nobles ossètes:

Zurab Magkati de Zaramag, gorge de Kasara – chef de mission ;

Heba Kesati de Zakka, l'Ossétie du Sud et du Centre;

Batymirza (Géorgie) Tsopanati de Dzuarikau, gorge de Kurtatri.

Les ambassadeurs étaient accompagnés de « servantes », en règle générale, de proches parents:

Kanamat (Dmitry) Magkati accompagnait son père, Zurab Magkati;

Sergueï Aguzati – de la famille Aguzata dont le territoire était situé dans l'Ossétie du Sud, accompagné de Batymirza Tsopanati ;

Jivi Abaiti – du village de Sba, Ossétie du Sud, également de la famille Aguzata, a également escorté l'ambassade;

Ainsi, la composition de l'ambassade était plutôt représentative et reflétait les intérêts de toutes les parties de l'Ossétie. Les membres de l'ambassade connaissaient bien les processus politiques, ils savaient quels intérêts ils devaient défendre à Pétersbourg et à quel point leur responsabilité était importante du point de vue historique.

Le chef de l'ambassade Zurab Magkati était le plus expérimenté en politique, il était bien éduqué et parlait couramment russe, géorgien et Kabardian. Il a eu un dossier considérable de contacter la haute société de Pétersbourg : de 1724 à 1734, il a accompagné Vakhtang VI lors des négociations avec l'ambassade de Russie et était avec lui à la réception de Pierre I.

Après son retour en Ossétie, Magkati était persuadé qu'il n'y avait pas d'alternative à l'Osséto-Russe et aspirait activement à réaliser ce rêve.

Zurab Magkati était bien connu non seulement en Ossétie, mais dans tout le Caucase du Nord où il jouissait d'une grande autorité et respect. Il a épousé une fille de Digorian noble de la classe badeliata. Ses relations étendues avec les propriétaires kabardiens, avec le Caucase, sa profonde compréhension de la Russie qu'il a assez bien appris pendant les 10 ans, fait de lui une personne unique dans tous les processus politiques.

Heba Kesati est également originaire d'une classe noble, mais il était connu en Ossétie comme commandant militaire *« à quiconque obéissait »*. Il avait une apparence extraordinairement brillante et une grande force physique. Selon les traditions ossètes, il y a des légendes sur Heba Kesati, et il est le personnage de fables nationales.

Batyrmirza Tsopanati de la communauté de Kurtatinskoyer était, comme d'autres ambassadeurs ossètes, un homme bien connu et influent en Ossétie.

La composition complète de l'ambassade se réunissait dans le domaine familial de Zurab Magkati dans le village de montagne de Zaramag et le 25 septembre 1749, elle a pris la route accompagnée d'un escadron de cavalerie cosaque.

Les ambassadeurs ossètes n'ont pas vraiment compris quel voyage difficile et dangereux ils avaient à faire, pour combien de temps ils quittaient leur patrie et combien il leur serait difficile d'atteindre le but historique que l'Ossétie vient de devenir. Mais chacun d'eux savait avec certitude que sans union avec la Russie, les Ossètes n'ont pas de chances de survie et ils étaient tous prêts pour les épreuves.

À Astrakhan, où l'ambassade est arrivée à la fin du mois d'octobre, le gouverneur Brylkin a fourni aux membres de la délégation un transport spécial – des voitures confortables, individuellement pour chaque ambassadeur. Sur leur chemin d'Astrakhan à Moscou, ils avaient le droit de s'arrêter dans les villes russes et de voir les curiosités, mais l'importance extraordinaire de la mission ne leur a pas permis de s'abstenir pour des choses sans importance.

En outre, l'hiver en Russie commence en Novembre, et les voitures de l'Ambassadeur d'après le Tsaritsyn ont été remplacées par un traîneau qui s'est déplacé beaucoup plus lentement et le climat rude a été un essai pour les gens du Sud. En route pour Moscou, Batyrmirza Tsopanati tomba gravement malade, mais ne laissa pas la délégation s'arrêter à cause de lui. Enfin, le 38e jour du départ d'Astrakhan, l'ambassade d'Ossétie arriva à Moscou le 7 novembre 1749.

Le même jour, des ambassadeurs ossètes ont été reçus à la réunion du Sénat où les partis ont échangé leurs salutations correspondantes. Zurab Magkati s'est exprimé devant la réunion et a exprimé sa gratitude pour la *« grande miséricorde de*

Sa Majesté impériale envers eux ». Le général-procureur prince N.Yu. Trubetskoy, le chef du Sénat, a pris directement le patronage sur l'ambassade.

Au même moment, à Moscou, le travail se poursuivait avec l'archimandrite Pachome, chef de la commission spirituelle ossète, à la suite de quoi le gouvernement russe pensait convaincre ses arguments que les intrigues des opposants aux liaisons russo-ossètes sont de nature politique. Il a souligné que "l'Ossétie est un pays autonome autogéré composé de communautés fondées sur les principes de la famille et du territoire et dirigées par des personnes âgées". Pachomius a confirmé que *« tous les membres de l'ambassade sont des personnes nobles ayant autorité dans leurs communautés ».*

Ambassade en activité

Le 9 février 1750, l'ambassade d'Ossétie arriva à Saint-Pétersbourg, où les ambassadeurs furent chaleureusement reçus et hébergés dans le domaine de pierre blanche Solovievsky dans l'île de Vassilievsky. Plusieurs jours plus tard, le Sénat a examiné les principales questions déposées par les ambassadeurs ossètes : le désir de la nation ossète d'être allégeante en Russie et de se déplacer dans la plaine ciscaucasienne.

Cependant, l'ambassade de Russie n'était pas prête à prendre une décision positive immédiate sur de telles questions stratégiques dans les conditions d'incertitude politique en ce qui concerne la Turquie et la Perse. Il était également impossible de refuser les ambassadeurs ossètes arrivés par décret personnel de l'Impératrice et selon les intérêts de l'Empire russe.

Disposant des autorités compétentes, l'ambassade d'Ossétie a exercé les fonctions de représentant diplomatique permanent en Russie. Sous le patronage du prince Trubetskoy, les ambassadeurs ossètes se familiarisèrent aussi avec Saint-Pétersbourg, la culture russe, et visitèrent les armureries de

Sestroretsk où ils étaient présentés avec des canons décorés d'or fabriqués par des artisans russes.

Le 5 juillet 1750, l'ambassade ossète de Zurab Magkati fut de nouveau invitée à la réunion du Sénat, où des représentants ossètes se montrèrent de nouveau prêts à négocier. Les discours des ambassadeurs, leurs manières et leur dignité lors de la communication avec les hauts fonctionnaires de Saint-Pétersbourg, leur éducation et leur remarquable aristocratisme ont soulevé tous les doutes concernant la naissance éminente des ambassadeurs ossètes.

Le 16 juillet 1750, l'ambassade d'Ossétie fut de nouveau invitée à la réunion du Sénat. Cette date peut être considérée comme le début des négociations officielles russo-ossètes.

Les sénateurs ont entendu le discours de Zurab Magkati, dans lequel il a souligné trois questions clés, à savoir l'objectif de l'ambassade d'Ossétie lors des négociations – résoudre le problème de l'adhésion de l'Ossétie à la Russie puisque *« toute la nation ossète veut faire partie de l'allégeance de Sa Majesté impériale »*, la discussion sur la sécurité étrangère d'Ossétie et résoudre le problème du déplacement des Ossètes dans les plaines submontantes.

Comprenant que la réalisation d'un programme ossète aussi sérieux peut être justifiée par un intérêt suffisant de la part de la Russie, Magkati a rapporté au Sénat que l'Ossétie pouvait fournir une armée de 30 mille hommes. L'offre concernant la coopération militaire était un argument assez fort en faveur de la prise d'un programme ossète pour une discussion approfondie. Cependant, le gouvernement russe était encore plus intéressé par les gisements de minerai en Ossétie qui auraient été rapportés dans les requêtes ossètes avant de partir pour Saint-Pétersbourg (*« sur divers secrets de la terre ossète »*).

Zurab Magkati a dû garder cette monnaie d'échange au cas où le Sénat accepte les questions énoncées dans le programme de l'ambassade. Il vient d'exprimer la demande de fournir l'ambassade à l'impératrice *« pour la prostration »*, en espérant que l'interférence d'Elizaveta accélérera le résultat positif des négociations.

Le Sénat a proposé aux ambassadeurs de ne pas se dépêcher de rentrer chez eux et de continuer à assumer des fonctions de représentation. Il a également offert aux Ossètes son aide pour organiser des missions diplomatiques en Ossétie afin de remettre leurs lettres à des proches qui les préoccupaient beaucoup.

Il convient de noter que l'ensemble du processus de négociation russo-ossète s'inscrivait dans le cadre du protocole diplomatique de haut niveau.

Comme le chef de la mission diplomatique aurait dû le faire, Zurab Magkati a parlé devant le Sénat en langue ossète, indépendamment de son russe courant. C'est la raison pour laquelle il a insisté pour l'inclusion d'un interprète dans la délégation, alors qu'il pouvait le faire lui-même - il ne pouvait permettre au chef de l'ambassade de parler simultanément en tant qu'interprète lors des négociations.

Intrigues et provocations

Pendant ce temps, alors que le Sénat attendait un changement du climat politique sur la scène internationale, les émissaires des vassaux géorgiens de l'Empire ottoman et de la Perse utilisaient cette période pour créer de nouveaux obstacles pour les relations russo-ossètes.

La campagne anti-ossète a été rejoint par des représentants géorgiens pro-turcs à Saint-Pétersbourg.

Espérant que, sans interprète, les négociations russo-ossètes seraient dans l'impasse, en mars 1751, les lobbyistes géorgo-turcs engagèrent deux soldats et attaquèrent ensemble l'ambassade d'Ossétie. Ils ont réussi à pénétrer dans le bâtiment, à saisir l'interprète Veniamin Akhsharumov et à le frapper violemment. Cependant, ils ne pouvaient pas l'emmener, car ils étaient repris par les gardes de l'ambassade.

Après l'incident, Zurab Magkati a demandé l'audience du prince Trubetskoy. Au cours de la réunion, il a insisté auprès du procureur général pour qu'il augmente le nombre de gardes de l'ambassade, soulignant que le gouvernement russe avait perdu trop de temps à réagir aux provocations des émissaires géorgiens déployés spécialement pour faire échec aux négociations.

Trubetskoy a lui-même indiqué clairement qu'ils avaient réussi en partie à le faire – dernièrement au Sénat, ils étaient occupés à découvrir l'origine des ambassadeurs ossètes au lieu de négocier. L'enquête sans fin de plusieurs années sur les accusations des Géorgiens s'est achevée.

Les négociations ont repris. Le Sénat a invité l'ambassade d'Ossétie à une réunion. Zurab Magkati s'est servi de tous ses efforts pour ramener le gouvernement russe à la discussion sur les questions pour lesquelles l'ambassade était située à Saint-Pétersbourg.

Le Sénat a déclaré que dans un avenir proche les ambassadeurs seraient invités chez l'impératrice Elizaveta Petrovna. Les instructions pertinentes ont été données au Conseil des affaires étrangères.

Le 29 octobre 1751, les ambassadeurs ossètes ont été reçus par le secrétaire d'État, conseil du Conseil des affaires étrangères V.M. Bakunin qui était considéré comme le spécialiste du Caucase du Nord. Les parties ont discuté de toute la gamme des questions liées à la prochaine réunion de haut niveau qui touchera le problème caucasien.

Les ambassadeurs étaient réservés aux relations avec Kabarda. Ils ont souligné que les Ossètes ont des relations amicales avec les Kabardiens, bien qu'une partie des propriétaires kabardiens aient exprimé un malentendu quant à l'adoption du christianisme par les Ossètes.

À ce stade des négociations, les ambassadeurs ont essayé de ne pas soulever de questions concernant l'allégeance de la Russie, ils ont simplement assuré le secrétaire d'État V.M. Bakounine qu'ils voulaient juste rencontrer l'impératrice Elizaveta Petrovna "pour l'adoration et les actions de grâces".

Réception officielle de l'Impératrice

Sur la base des résultats de ces négociations, le Bureau des affaires étrangères a préparé le rapport pour le Chancelier Bestuzhev-Ryumin qui a ensuite fait part de sa position au Sénat et à l'Impératrice.

Le Chancelier a souligné l'emplacement stratégique de l'Ossétie dans le centre du Caucase, d'où il serait possible de contrôler les routes vers la Transcaucasie. À ce sujet l'Ossétie a été d'un grand intérêt pour la Russie. En tenant compte, il a souligné qu'il était souhaitable de soutenir les propositions de l'ambassade d'Ossétie.

Dans son mémorandum, le chancelier a également prévu certains privilèges pour le développement des relations commerciales des Ossètes avec la frontière russe: les libérer du paiement des droits à Kizlyar et à Astrakhan. En partie, l'Ossétie devait assumer l'obligation de *"donner aux sujets russes, peu importe comment ils se mettent entre leurs mains, aux villes russes"*.

En ce qui concerne la question principale - l'adhésion de l'Ossétie à la Russie, Bestoujev-Ryumin a estimé qu'il n'existait pas de conditions nécessaires dans l'environnement international pour résoudre cette question complexe. *« Dans toutes les circonstances, il me semble nécessaire de garder le silence sur leur véritable accession et de ne pas les lier par serment d'allégeance à la première occasion »*.

Le Sénat a pleinement accepté les dispositions du mémorandum présenté de Bestoujev-Ryoumin qui a déterminé le cours politique externe de l'Empire russe.

En décembre 1751, l'ambassade d'Ossétie a été officiellement reçue par l'Impératrice. Comme le recommandait le mémorandum de Bestoujev-Ryoumin, Elizaveta Petrovna était courtoise envers les ambassadeurs qui leur promettaient sa miséricorde monarchique et se félicitait de la nation ossète et de sa chrétienté. À son tour, Zurab Magkati a remercié l'impératrice de Russie pour la miséricorde et l'accueil chaleureux de l'ambassade d'Ossétie. L'impératrice a ordonné de présenter de riches cadeaux aux ambassadeurs.

L'auditoire d'Elizaveta Petrovna, sans aucun doute, doit être considéré comme un événement mémorable, le principal point de repère dans l'établissement de la relation Russe-Ossète comme une conséquence de contacts diplomatiques réussis au niveau supérieur.

Après la réception officielle, les négociations se sont poursuivies. Le Sénat a de nouveau examiné le plan de Bestuzhev-Ryumin et l'a adopté avec des adjonctions insignifiantes: déplacer les Ossètes sur les terres signalées à Zurab Magkati sur la carte du conseil de Bakounine et supprimer les droits de douane.

Le gouverneur d'Astrakhan a été prescrit: *"Tous ceux qui arriveraient pour vendre leur bétail et d'autres marchandises devraient être libérés des droits ordinaires sur les autres nations de la montagne, car ce droit sera retiré aux marchands russes"*.

L'ambassade a été dotée de gardes pour les accompagner sur leur chemin, de quatorze charrettes pour les besoins du transport, de riches cadeaux de l'impératrice russe. Dans la soirée du 28 janvier 1752, le Sénat organisa une réception d'adieu en l'honneur de l'ambassade d'Ossétie où figuraient tous les membres de la mission diplomatique d'Ossétie.

Les ambassadeurs remercièrent l'impératrice Elizaveta Petrovna, tous les membres du Sénat pour leur accueil chaleureux et une attitude favorable à leur mission à Saint-Pétersbourg et assurèrent à tous ceux qui étaient présents dans l'intention de respecter tous les accords conclus.

Résultat des négociations russo-ossétiennes

Le voyage diplomatique des dirigeants ossètes en Russie revêtait une grande importance pour l'Ossétie. Les premiers ambassadeurs ossétiens Zurab Magkati, Heba Kesati et Batyrmirza Tsopanati, surmontant la résistance de nombreux opposants à l'union russo-ossète, ont établi des relations diplomatiques étroites entre l'Ossétie et la Russie et ouvert la voie à la coopération avec une grande puissance septentrionale.

Le fait que l'ambassade ait été reçue au plus haut niveau par l'impératrice Elizaveta Petrovna témoigne déjà de l'importance que la Russie attache aux relations alliées avec l'Ossétie qu'elle considérait comme un seul pays à population coreligioniste.

Objectivement, la question représentant l'intérêt vital pour l'Ossétie n'a pas pu être résolue à ce stade de la situation dans laquelle la Russie était tenue par des obligations internationales strictes et ne pouvait se permettre de défendre ses intérêts géopolitiques dans le Caucase.

L'Ossétie ne pourra être acceptée sous le protectorat de l'empire russe tant que ses relations avec la Turquie ne seront pas déterminées. Cependant, l'examen détaillé par le gouvernement russe du problème ossète l'a rapproché du problème, ce qui lui a permis de se concentrer et de rechercher de véritables mesures pour le résoudre.

La Russie et l'Ossétie se sont assurées de la régularité de leur rapprochement et de l'impossibilité historique de ce processus. L'Ossétie a reçu, grâce à la Russie, un espace de vie et un pays en défense qu'elle représente, et la Russie face à l'Ossétie - un allié coreligionnaire et fiable dans la région, d'une importance stratégique pour elle. Ils avaient besoin d'un nouvel alignement des forces internationales pour procéder à de tels plans.

Le mouvement des Ossètes sur les terres situées le long des rivières Phiagdon et Ardon, les terres historiques de l'ancienne Alanie déclarées libres, a été soutenu par le gouvernement russe. Cependant, la sécurité du migrant n'a pas été garantie avant la construction de forteresses militaires russes. La question n'a pas non plus été résolue, mais le gouvernement russe le considérait déjà comme l'une des perspectives les plus importantes de la politique russe dans le Caucase.

Un autre succès des négociations réside dans la diplomatie économique des ambassadeurs d'Ossétie: un accord sur un commerce hors taxe. Les Ossètes pourraient continuer avec la Russie en apportant leurs marchandises à Kizlyar et à Astrakhan.

Ainsi, les premières négociations russo-ossètes ont jeté les bases d'une nouvelle étape de l'histoire de l'Ossétie et de la Russie qui ont profondément modifié le destin de toutes les nations du Caucase.

The first Embassy of Ossetia in St. Petersburg

Instead of the preface

The chronicle of friendship and brotherhood between the peoples of Russia and South Ossetia goes deep into annals of history. The people of Ossetia have long seen Russia as their natural and reliable ally.

In this book Ambassador Extraordinary and Plenipotentiary of the Republic of South Ossetia to Russian Federation H.E. Mr. Dmitry Medoev places emphasis on the events that took place in the middle of the XVIII-th century – the period when official relations between Russia and Ossetia were established. It was an era of an impetuous rise of the Russian Empire, which had been playing actively on the international scene ever after the reformations of Peter I. And at the same period of time during the new stage of ethnic consolidation the people of Ossetia were forced to make a serious choice. That is the reason the first Ossetian Embassy has departed to St. Petersburg.

And that is how the close and many-sided cooperation has started, and it definitely paid off. This statement can be confirmed by the huge part that was played by representatives of Ossetia in various areas oflife in Russia during the next years, including the soviet period.

The bonds of friendship and brotherhood proved their strength in August 2008, when Russia stepped out to defend South Ossetia from the perfidious aggression of the Saakashvili's regime. Russian Federation became the guarantorofindependence of South Ossetia, the guarantor of the revival and rise of the young republic, its coming into being as a modern democratic country. Today Moscow and Tskhinval are bound by all-round entente cordiale that rests upon strong legal basis. We sincerely wish the people of South Ossetia success in solving of large-scale objectives of state building and actually help it.

When diplomatic relations between our countries have been established, the embassy of South Ossetia re- appeared in the capital of Russia. The legation contributes to the integral development of the Russian-Ossetian connections.

This research is based on a scientific basis and at the same time is written in simple language by the professional diplomat and my respected colleague Dmitry Medoev. It represents a worthy contribution to the creation of the unbiased history of the Caucasus and is a convincing reply to those trying to adulterate the role of Russia and the improving Russian-Caucasian cooperation.

The analysis of historical premises and circumstances of the first official contact between representatives of Russia and Ossetia supports our conviction in the future strengthening of the alliance of Moscow and Tskhinval for the good of the both nations and for the sake of maintenance of stability and security in the region.

GRIGORY B. KARASIN,
Secretary of State
Deputy Minister of Foreign Affairs
of the Russian Federation

Ossetia – Russia: 270 years of bilateral relations

For the past 270 years, Ossetian-Russian relations have gone through difficult times. Winds of change and historical upheavals could not destroy the basis and tight links built in those distant times by our ancestors. Common historical roots and spiritual affinity, good-neighborly relations and mutual assistance – that's what distinguishes the relationship between Russia and Ossetia.

For the whole time of allegiance to the Russian Empire, and later as part of the USSR, Ossetians added a lot to the contemporary history, actively participating in nearly all significant events in the country, starting from the XVIII century until today. No one may ever doubt about the benefits of this historic choice.

At the contemporary stage, the Ossetian-Russian union was not just preserved. It increased in strength and reached a new level of cooperation. This is proved by the events of August 2008, when, despite great pressure, Russia stood up for the brother-people of Ossetia, which was under the threat of physical extirpation due to a barbarian aggression.

The decisive factor in determining the further fate of the South-Ossetia was the Russian Government's position, plus the inflexible Ossetian people's will, who proved the whole world the seriousness of their intentions, especially during the past 20 years of struggle for independence.

The first Ossetian embassy, which existed in 1749-1751 and was headed by Zurab Magkati, could demonstrate Russia the necessity of a sovereign union with Ossetia in difficult political conditions. This political victory of the Ossetian diplomacy from the today's viewpoint can be rightfully considered a feat towards Ossetia as a nation.

Today, the embassy of the Republic of South Ossetia in the Russian Federation established 260 years after such historic events, is a historical successor to the first embassy of Ossetia in St. Petersburg and honorably continues the general line developed by its predecessors: Union with Russia, the union in the name of the future of our nations.

With gratitude and honor of the memory of ancestors.

Background of Russian-Ossetian Relationship

The middle-age Alania, the state of Alanians, whose descendants are contemporary Ossetians, was destroyed by multiple invasions in the XIII-XIV centuries. Long and cruel wars depleted the Alans and led the country to a demographic catastrophe. Narrow gorges of the Greater Caucasus Mountain Range were a safe shelter for those small groups who could survive in these wars and retreat to the south-east of once mighty Alania.

Being deprived of its sovereignty, the Alanians-Ossetians were allowed to live in reserved communities, for several centuries resisting multiple raids and invasions in the remote mountains. They preserved their Christian faith and their language, the ancient customs and culture. They could save the nation from physical extirpation in these rigorous conditions.

The Ossetians lived in communities, resembling cantons united into one confederation, but having completely independent governance. By the XVII-XVIII centuries, Ossetia had enough population and resources to set tasks not only for its physical survival, but also for a strategic one: Recreating its lost sovereignty.

The Ossetians were limited to the centre of the Mountainous Caucasus, where resources for social, political and economic development were scarce. Although the plains of the Central Caucasus, where the remains of the ancient Alanian Christian temples still remain, were uninhabited, the Ossetians could not return to their original lands because they were afraid of permanent aggressions from the close tribes, which controlled all communications.

In addition, Ossetia surrounded by rather unfriendly territories, suffered from various oppressions and vassalage attempts. Even the Kartli and Imeretian vilayet territories, who were respectively fully Persian and Turkish vassals, tried to lay hands on the mountainous areas of Ossetia either by ruse or by force. And the Ossetian communities located in the Caucasian foothills were permanently threatened by raids of tribal groups supported by the Crimean Khan.

Nevertheless, there was no alternative to returning on the plain, but the Ossetians understood that they could not handle such difficulty without any help. In Ossetia, then they more often paid attention to the potential union with Russia.

As nowadays, in those distant times, the Caucasus was the arena of a fight of mighty empires , which tried to involve the North-Caucasian nations into their military strategic unions. Russia's positions in the Caucasus during that time were weakened after entering into the Treaty of Belgrade after the end of Russo-Turkish War in 1739.

This Treaty brought Russia's activity in the region to a minimum. Only after accession of Peter the Great's daughter, Elizaveta, in 1741, Russia's policy in the Caucasus gained consistent outline and strategic nature.

The Ossetians' search for a political ally and defendant in a mighty neighbour in then North by mid-XVIII century coincided with the revived geopolitical interest of Russia with respect to Caucasus. Ossetia occupies a favorable geographic position in the centre of the Caucasus, which made it a passage over its territory to the south, to Transcaucasia and so on.

One of the first decrees of Empress Elizaveta Petrovna was the authorization about the spread of Christianity among the non-Christians. She created "spiritual commissions" to be sent to Kamchatka, Beijing and Caucasus.

In November 1742, Archbishop Joseph and archimandrite of Moscow Znamensky monastery Nikolai made up a Report to the Empress proposing christening of the Ossetians and their adoption of Russian allegiance.

It is very important that in the Report the churchmen specified the approximate population: "more than 200 thousand people of both sexes" and their Christianity: *"from the ancient times, such Ossetian nation has been Christian Orthodox..."*.

The point that Ossetians were not allegiant to anyone was of special interest: *"And currently this multiple nation... is it its will." Neither Turks, nor Persians, no one owns them"*. These first data about Ossetia were topped by the information about extensive resources in the mountainous Ossetia, which was of interest for the Russian party: *"Their places are rich in golden, silver, and other ores and minerals, and lots of precious stones"*.

Together with this Report, in 1743 Ossetian elders representing different communities addressed Russian Empress. *The letter clearly stated the intentions of the Ossetians "... to be under the protection of Empress Elizaveta"*.

This address evidenced that the Ossetian communities produced political leaders who were not just ready to formulated state-level tasks, but suggest their solutions.

Zurab Magkati of Zaramag was one of the leaders of all-Ossetian scale: an educated and skilled politician having good knowledge both about Caucasus and Russia. The address, which undoubtedly was prepared with his participation, contains the political program of the then existing Ossetia in a laconic form : A strategic union with Russia, the return of the Ossetians to the plain and national security issues.

Creating the Ossetian Spiritual Commission

Missionary activity was the best way for Russia to establish contacts with these areas. That's why Empress Elizaveta by her Decree instructed the Foreign Affairs Board to draw up a full report on Ossetia after thorough examination of all issues of interest to Russia.

On 5 January 1744, the head of the Foreign Affairs Board, Chancellor Bestuzhev-Ryumin, after thorough examination of the "Ossetian case" with regard to several sources, presented his report on Ossetia to the Synod where he emphasized the thought important for Russia: Ossetians are a free nation, under no one's ownership and are good-minded to Russia. The Synod ordered to create the Ossetian Spiritual Commission and sending it to Ossetia.

The first Ossetian Spiritual Commission was formed by the Synod in 20-30s of the XVIII century. The commission was headed by archimandrite Pachomius and included hegumens Christopher and Nikolai, several clergymen and Ossetian-translator, Andrew Bibibryulev (Bibilty), who spoke all the three languages. Sending the first spiritual commission and, especially, Russia's participation in this event were confidential.

In February 1745, the Ossetian Commission leaved Moscow for Ossetia, and on 12 June same year the archmandrite Pachomius, hegumens Christopher and Nikolai, the hieromonk Ephraim submitted their first report to the Synod, where they confirmed the readiness of Ossetians to be baptized.

The brief wordings of the report of the clergymen clearly implied the dramatic faith of the Christian Alanian state whose nation for the four centuries of severe isolation in inaccessible mountain gorges still preserved its faith, although not always understood the meaning of the ceremonials and prayers.

The missionaries wrote about the remains of Christian temples in Small Kabarda on the plain territories, where the Alanian ancient settlement was located, that Ossetians "*kept the whole Lent and fasted for one week before Christmas*".

It is worthwhile noting the observation contained in the report that *"Ossetians are a military people and love good weapons, they treat weapons as the Russian people do". The Report was topped by the information important for the Russian Party for which they conceived* the whole missionary expedition and which the Ossetian leaders tried to bring to note of the Empress: *"The senior locals want very much to go to Russia and pledge allegiance to Her Imperial Majesty and desire to be baptized there if ordered to".*

It took some time for the Russian government to overcome the external policy fears and proceed to certain actions for realization of the perspective program of developing the Caucasus. The Holy Synod during the next 1746 year considered the "Ossetian matter" two more times, reviewing the new reports of the Ossetian Spiritual Commission drawn up and brought to St. Petersburg by hieromonk Ephraim. It is again evident that Zurab Magkati laid hand to this document, who understood well that it is necessary to keep the interest of the Russian government to Ossetia with all possible means.

In the first report, in addition to the readiness of the Ossetian nation to be allegiant to the Russian Empire, contained the "register" of metal ores discovered in Ossetia. The list included: silver, lead, alum, agate, combustible sulfur, niter, grapholite, gold ore, mica, natural crystal, copper ore, marble, iron ore.

The second report of hieromonk Ephraim contained certain information about Ossetian elderlies who desired to go to St. Petersburg to be baptized and assume Russian allegiance. Among others, the list of elderlies specifically included Zurab Magkati described as: *"originates from the same Ossetians from the place called Kasri (Kasara gorge) and was well brought up and baptized from an infant".*

In fact, that was the list of candidates who could comprise the Ossetian embassy given the relevant resolution of the Russian government. Thus, the Ossetian party itself originated negotiations thanks to rigid political position of Zurab Magkati and his active participation in preparing the platform necessary for Russian-Ossetian negotiations.

In 15 July 1746, Empress Elizaveta issued a decree about inviting Ossetian Ambassadors to St. Petersburg. On 14 August, according to the decree from the Foreign Affairs Board, the Senate decided about the *"arrival to Russia from Ossetia for baptizing and other ... secrets...".*

The news about scheduling Russian-Ossetian negotiations quickly reached Ossetia and rose great inspiration among all population which received hope for Russian protection and support. In many communities of Ossetia the people organized feasts in honour of the Russian Empress, while Zurab Magkati as the originator of the whole process had to form the structure of the embassy and get ready to leave for St. Petersburg.

He approached the issue with considerable responsibility showing exclusive political thinking – Zurab Magkati organized an embassy consisting of five representatives of Ossetian societies from each historic region: Digoria, sourtern, south-eastern and central parts of Ossetia.

In autumn 1746 the embassy was formed completely, but its leave for St. Petersburg was delayed for another three years. That was caused by the intrigues of the Georgian clergymen headed by archmandrite Pachomius who served in Ossetian Spiritual Commission who during the whole process of rapprochement between Russia and Ossetia pursued only their corrupt objectives.

The Senate considered the circumstances of the "Ossetian case" and concluded that, on one hand, no one can prohibit them to baptize Ossetians since this is a voluntary process, because Ossetia is an independent nation.

The union of Russia and Ossetia was contrary to the interests of Turkey, Persia and Crimean Khanate who hardly resisted any rapprochement between Russia and the people of the North Caucasus.

Eastern and western Georgian puppet provinces – vassals of Turkey and Persia and separate Kabardian feudals who tried to expand their influence to include Ossetia.

Meanwhile, the Russian government still decided to invite the Ossetian embassy to Petersburg, but it was ordered not to give answer about Ossetia's accession to Russia due to fears of aggravated relations with Turkey and Persia.

Ossetian elderlies, which included Zurab Magkati, arrived to Kizlyar on 8 February 1748 and sent another letter addressed to the Empress. The letter expressly detailed Ossetia's interest for the sake of which it made sense to go to St. Petersburg for negotiations: *"We hope that the merciful princess by virtue of our petition will accept us for eternal allegiance and save under her protection with her grand mercy".*

Ossetian Embassy

By her new order issued in May 1749, Empress Elizaveta scheduled negotiations with Ossetia.

Zurab Magkati, understating all the sovereign importance of the forthcoming business, treated formation of the embassy as a real nation leader – he selected the delegation by territorial principle.

Thus, the first historic Ossetian embassy included three representatives from noble Ossetian families:

Zurab Magkati of Zaramag, Kasara gorge – head of the mission;

Heba Kesati of Zakka, Southern and Central Ossetia;

Batymirza (Georgy) Tsopanati of Dzuarikau, Kurtatri gorge.

The ambassadors were accompanied by "attendants", as a rule, close relatives:

Kanamat (Dmitry) Magkati accompanied his father, Zurab Magkati;

Sergey Aguzati – from the Aguzata family whose territory was located in the Southern Ossetia, accompanied Batymirza Tsopanati;

Jivi Abaiti – from the village of Sba, Southern Ossetia, also from Aguzata family, also escorted the embassy;

Thus, the composition of the embassy was rather representative and reflected the interests of all parts of Ossetia.

The members of the embassy were well aware of the political processes, they knew what interests they had to defend in Petersburg and how important was their responsibility from the historic point of view.

Head of the embassy Zurab Magkati was the most experienced in politics, he was well educated and spoke fluent Russian, Georgian and Kabardian. He had an extensive record of contacting Petersburg high society: From 1724 till 1734 he accompanied Vakhtang VI during negotiations with the Russian embassy and was at Peter I's reception together with him.

After returning to Ossetia, Magkati was sure that there were no alternatives for Ossetian-Russian and actively aspired to make this dream come true.

Zurab Magkati was well-known not only in Ossetia but in the whole North Caucasus where he enjoyed great authority and respect. He married a daughter of Digorian nobleman from *badeliata* class. His extensive relationship with Kabardian owners, with Caucasus, deep understanding of Russia which he learned rather well for the 10 years, made him a unique person in all political processes.

Heba Kesati also originated from a noble class, but he was known in Ossetia as military commander "to whom anyone obeyed". He had an extraordinarily bright appearance and great physical strength. According to Ossetian traditions, there are legends about Heba Kesati, and he is the personage of national fables.

Batyrmirza Tsopanati of Kurtatinskoyer community was, as other Ossetian ambassadors, a well-known and influential man in Ossetia.

The full composition of the embassy gathered in the family estate of Zurab Magkati in the mountain village of Zaramag and on 25 September 1749 hit the road accompanied by a Cossack squadron ahorse.

Hardly had Ossetian ambassadors figured out what difficult and dangerous trip they had to make, for how long they leave their motherland and how difficult it would be for them to achieve the historic purpose Ossetia just became close to. But each of them knew for sure – without union with Russia, Ossetians do not have chances for survival and they all were ready for hardships.

In Astrakhan, where the embassy arrived in late October, Governor Brylkin provided the members of the delegation with special transport – comfortable carriages, individually for each ambassador. On their way from Astrakhan to Moscow they had the right to stop in Russian towns and see the sights, but the extraordinary importance of the mission did not allow them to abstract themselves for unimportant things.

Moreover, winter in Russia starts in November, and the ambasssador's carriages after the Tsaritsyn were replaced by sleigh which moved much slower and the harsh climate was a trial for southern people. On their way to Moscow, Batyrmirza Tsopanati fell seriously ill, but did not allow the delegation to stop because of him. Finally, on the 38th day of departure from Astrakhan, on 7 November 1749 the Ossetian embassy arrived to Moscow.

On the same day Ossetian ambassadors were received at the meeting of the governing Senate where the parties exchanged their corresponding greetings. Zurab Magkati spoke before the meeting and expressed his gratitude for the *"great mercy of Her Imperial Majesty to them"*. General-procurator prince N.Yu. Trubetskoy, the head of the Senate, directly took patronage over the embassy.

The Senate ordered to accommodate the ambassadors in decent apartments and provide all the necessary for them. Trubetskoy entrusted Batyrmirza Tsopanati to a court doctor.

At the same time, in Moscow the work went on with archimandrite Pachomius, head of the Ossetian Spiritual commission, as a result of which the Russian government thought convincing his arguments that intrigues of opponent to Russian-Ossetian liaisons are of political nature. He emphasized that "Ossetia is an independent self-governed country consisting of communities based on family and territorial principle, and the communities are headed by elderlies". Pachomius confirmed that *"all members of the embassy are noble people having authority in their communities".*

Embassy in operation

On 9 February 1750, Ossetian embassy arrived to St. Petersburg, where they were warmly met and accommodated in Solovievsky white-stone estate in Vasilyevsky island". Several days later the Senate considered the main issues tabled by the Ossetian ambassadors: the desire of the Ossetian nation to be allegiant to Russia and move to the Ciscaucasian plain.

However, the Russian embassy was not ready to take immediate positive decision on such strategic issues in the conditions of political uncertainty in relation to Turkey and Persia. It was also impossible to refuse Ossetian ambassadors who arrived by the personal decree of the Empress and in accordance with the interests of the Russian Empire itself.

Having the relevant authorities, the Ossetian embassy performed the functions of a permanent diplomatic representative office in Russia. Under the patronage of Prince Trubetskoy, the Ossetian ambassadors also became familiar with St. Petersburg, Russian culture, visited Sestroretsk armories where they were presented with gold-decorated guns manufactured by Russian craftsmen.

On 5 July 1750, the Ossetian embassy of Zurab Magkati was again invited to the meeting of the Senate, where Ossetian representatives again expressed their readiness to negotiations. The speeches of the ambassadors, their manners and dignity during communication with senior officials of St. Petersburg, their education and notable aristocratism raised all doubts concerning distinguished birth of the Ossetian ambassadors.

On 16 July 1750, the Ossetian embassy was again invited to the meeting of the Senate. This date can be considered the beginning of official Russian-Ossetian negotiations.

The senators heard the speech of Zurab Magkati where he pointed out three key issues comprising the objective of Ossetian embassy at negotiations – resolving the problem of Ossetia's accession to Russian since "*all Ossetian nation wants to be in Her Imperial Majesty allegiance)*, the discussion of Ossetia's foreign security and resolve the issue about moving Ossetians to the submontane plains.

Understanding that performance of such serious Ossetian program can be justified by adequate interest on the part of Russia, Magkati reported to the Senate that Ossetia can provide a 30-thousand army. The offer about military cooperation was a rather strong argument in favour of taking Ossetian program for detail discussion. However, the Russian government was still more interested about ore deposits in Ossetia which were reported in Ossetian pleas before leaving to St. Petersburg (*"on various secrets of the Ossetian land"*).

Zurab Magkati had to keep that bargaining chip in case the Senate accepts the issues set forth in the program of the embassy. He just expressed the request to provide the embassy to the empress "for prostration", hoping that Elizaveta's interference will expedite the positive result of the negotiations.

The Senate offered ambassadors not to hurry back home and continue to carry out representative functions and offered Ossetians his services in organizing diplomatic post to Ossetia for delivery of their letters to close ones about whom they were very concerned.

It is worthwhile noting that the whole course of Russian-Ossetian negotiation was within the framework of the high-level diplomatic protocol.

As the head of the diplomatic mission should have done, Zurab Magkati spoke before the Senate in the Ossetian language regardless of his fluent Russian. This is the explanation for the fact that he insisted on inclusion of an interpreter into the delegation, while he could do that himself – he could not allow the head of the embassy to speak simultaneously as interpreter during negotiations.

Intrigues and provocations

Meanwhile, while Senate waited for change of the political climate in the international arena, the time was used by envoys of Georgian vassals of the Ottoman Empire and Persia to create new hindrances for Russian-Ossetian relationship.

The anti-Ossetian campaign was jointed by pro-Turkey Georgian representatives in St. Petersburg.

Hoping that without the interpreter the Russian-Ossetian negotiations will come to a dead end, in March 1751 the Georgian-Turkish lobbyists engaged two soldiers and together with them assaulted the Ossetian embassy. They managed to get into the building, seize interpreter Veniamin Akhsharumov and beat him severely. However, they couldn't take him away being upstarted by the guards of the embassy.

After the incident, Zurab Magkati requested audience of Prince Trubetskoy. During the meeting he insistently asked the general prosecutor about increasing the guards of the embassy noting that the Russian government wasted too much time reacting to provocations of Georgian envoys planted specially to frustrate the negotiations.

Trubetskoy made it clear himself that they partially managed to do that – lately in the Senate they were busy finding out the origin of the Ossetian ambassadors instead of negotiations. The many-year investigation on endless Georgian accusations was ended.

The negotiations resumed. The Senate invited the Ossetian embassy to a meeting. There Zurab Magkati used all his efforts to return the Russian government to discussion of the issues for which the embassy was located in St. Petersburg.

The Senate declared that in the near future the ambassadors would be invited to Empress Elizaveta Petrovna. The relevant instructions were given to the Foreign Affairs Board.

On 29 October 1751, the Ossetian ambassadors were received by secretary of state, council of the Foreign Affairs

Board V.M. Bakunin who was considered the North Caucasus specialist. The parties discussed all the range of issues related to the forthcoming top level meeting touching upon the Caucasian problem.

The ambassadors were reserved about the relations with Kabarda. They pointed out that Ossetians have friendly relationship with Kabardians, although part of the Kabardian owners demonstrated misunderstanding regarding embracing Christianity by Ossetians.

At that stage of negotiations, the ambassadors tried not to raise issue about the Russian allegiance, they just assured secretary of state V.M. Bakunin that they wanted just to meet Empress Elizaveta Petrovna "for adoration and thanksgiving".

Official reception by the Empress

Based on the results of that negotiations, the Foreign Affairs Board prepared the report for Chancellor Bestuzhev-Ryumin who then stated his position to the Senate and the Empress.

The Chancellor underlined the strategic location of Ossetia in the centre of Caucasus, wherefrom it would be possible to control roads to Transcaucasia, in this connection Ossetia was of a great interest to Russia. Taking it into account he pointed out that it was desirable to sustain proposals of the Ossetian Embassy.

Also in his memorandum the Chancellor provided for certain privileges for development of trade relationship of Ossetians with the Russian borderline: free them from payment of duties in Kizlyar and Astrakhan. In is part, Ossetia had to assume the obligation to *"to give the Russian subjects, no matter how they get into their hands, to Russian towns"*

As regards the main issue – Ossetia's accession to Russia, Bestuzhev-Ryumin considered that there were no necessary conditions in the international environment for resolving the complicated issue. *"Under all circumstances it seems to me it is necessary to keep silent about their real accession and not to bind them by oath of allegiance on the first occasion"*

The Senate fully agreed with the provisions of the presented memorandum of Bestuzhev-Ryumin who determined the external political course of the Russian Empire.

In December 1751, the Ossetian embassy was officially received by the Empress. As recommended in the memorandum of Bestuzhev-Ryumin, Elizaveta Petrovna was merciful to the ambassadors promising them her monarchial mercy and was complimentary about the Ossetian nation and its being Christian. In his turn, Zurab Magkati thanked the Empress of Russia for mercy and warm acceptance of the Ossetian embassy. The Empress ordered to present rich gifts to the ambassadors.

The audience of Elizaveta Petrovna, no doubt, needs to be considered as a momentous event, the main landmark in establishing the Russian-Ossetian relation as a consequence successful diplomatic contacts at the higher level.

After the official reception the negotiations continued. The Senate again considered the plan of Bestuzhev-Ryumin and adopted it with insignificant additions: about moving the Ossetians to the lands pointed out to Zurab Magkati on the council Bakunin's map and about releasing from customs duties.

The Astrakhan governor was prescribed: *"All those arriving to sell their cattle and other merchantry should be released from ordinary duties against other mountain nations, for than duty will be taken instead from the Russian merchants"*.

The embassy was provided with guards to accompany them on their way, fourteen carts for transport needs, rich gifts from the Russian Empress. In the evening on 28 January 1752, the Senate organized a farewell reception in honour of the Ossetian embassy where all the members of Ossetian diplomatic mission appeared.

The ambassadors thanked Empress Elizaveta Petrovna, all members of the Senate for warm reception and favorable attitude to their mission in St. Petersburg and assured everyone present in the intention to follow all the reached agreements.

Outcome of Russian-Ossetian negotiations

The diplomatic voyage of the Ossetial leaders to Russia was of a great importance for Ossetia. First Ossetian ambassadors Zurab Magkati, Heba Kesati and Batyrmirza Tsopanati, overcoming the resistance of multiple opponents of Russian-Ossetian union, achieved establishment of tight diplomatic relations between Ossetia and Russia and opened way to cooperation with a mighty northern power.

The fact that the embassy was received at the utmost level by Empress Elizaveta Petrovna already speaks about the significance attached by Russia to the allied relations with Ossetia which it perceived as a single country with coreligionist population.

Objectively the issue representing the vital interest for Ossetia could not be resolved at this stage in the conditions where Russia was encumbered with tight international obligations and could not afford performance of its geopolitical interests in the Caucasus.

Ossetia could not be accepted under the protectorate of the Russian Empire until its relations with Turkey would be determined. However, the detailed review by the Russian government of the Ossetian problem made the problem closer allowing them to focus on it and made it look for real steps for its resolution.

Russia and Ossetia made sure about the regularity of their move to each other and in the historic unavoidability of this process. Ossetia received, thanks to Russia, a living space, and a defending country represented by it, and Russia in the face of Ossetia – a coreligionist and reliable ally in the region strategically important for it. They needed a new alignment of international forces to proceed to such plans.

The Ossetians' move to the lands along the rivers Phiagdon and Ardon, the historic lands of the ancient Alania declared free was supported by the Russian government, however, the safety of the migrant was not guaranteed until Russian military fortresses would have been built in such locations. The issue also remained unresolved but already was in the view of the Russian government as one of the most perspective in the Caucasian policy of Russia.

Another success of the negotiations is in the economic diplomacy of the Ossetian ambassadors – agreement on duty-free trade Ossetians could carry on with Russia bringing their merchandize to Kizlyar and Astrakhan.

Thus, the first Russian-Ossetian negotiations laid the foundation for a new stage of history of both Ossetia and Russia fundamentally changing the fates of all nations of the Caucasus.

NORTH OSSETIA
SOUTH OSSETIA
Mozdok
Beslan
Alagir
Vladikavkaz
Tskhinvali

Копія. 71

Указъ Ея Императорского Величества Самодержицы Всероссійской изъ Правительствующего Сената Коллегіи иностранныхъ дѣлъ. Съ прошлымъ 1746 году іюля 15 дня опредѣленіемъ Правительствующего Сената по сообщеннымъ изъ Святѣйшаго Правительствующего Синода вѣденіямъ особливыми представленіями въ Коллегіи иностранныхъ дѣлъ. Позволено осетинского народа желающимъ изъ старшинъ знатнымъ неболѣе пяти человѣкамъ съ служителями ихъ ѣхать въ Россію, о чемъ в оной Коллегіи указомъ тогда жъ знать дано; а минувшимъ 1749 году изъ Кизляра Генералъ лейтенантъ Леонтьевъ въ Сенатъ писалъ что пріѣхалъ тогда изъ Осетіи извѣстной Грузинской архимандритъ Пахомій, и с нимъ для слѣдованія ко Высочайшему двору Ея Императорского Величества осетинскихъ старшинъ три человѣка да служителей ихъ четыре, потомучто оные Леонтьевъ выше с нимъ архимандритомъ в Астрахань и отправилъ. А сего декабря 7 числа оные старшины по прибытіи с тѣмъ архимандритомъ [illegible] изъ Астрахани

что

нагорного панкея с Москву, являлся с прави-
тельствующемъ Сенатѣ. А по Указу Ея
Императорского Величества Правитель-
ствующий Сенатъ приказали отъ [illegible]
старшинамъ и бѣжавшимся прочихъ со-
жителемъ и протчимъ будущимъ притѣхъ
старшинахъ людемъ в Москвѣ достойной
квартиры с Главную Полицмейстерскую кан-
целярiю; а о [illegible] ихъ старшинъ свѣдо
в коллегiю иностранныхъ дѣлъ послать
указы; а наслѣдованiе и напредь с [illegible]
ство ихъ здѣсь производить изъ штатсъ-
конторы изъ неположенныхъ с штатъ доходу
деньгами; а имянно: старшинамъ по пяти-
десятъ копѣекъ а служителемъ ихъ по-
десяти копѣекъ на каждого на день; да для
охраненiя ихъ опредѣлить нынѣ Сенатской
роты унтеръ-офицера одного и двухъ сол-
датъ: оное охраненiе старши-
ны предсѣданiемъ Правительствующаго Сената утверждены Ея Императорского Величества Высочайшихъ [illegible]. И коллегiи
иностранныхъ дѣлъ о семъ сообщать, а въ
Главную Полицiю и штатсъ контору указы

Из Сената послан: декабря. 5. дня 1749 года.
У подлинного подписано тако.
Обер секретарь Матвей Козмин.
Секретарь Семен Орлов.

[illegible]

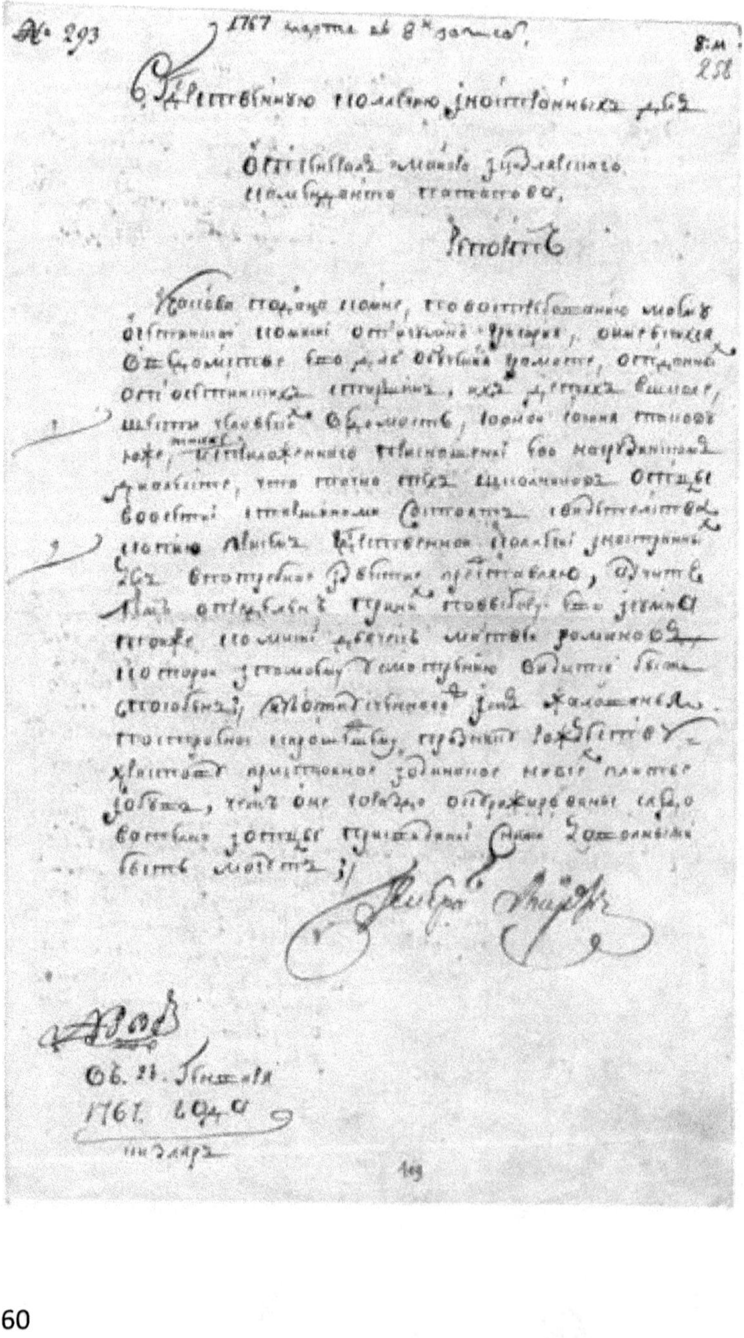

Ведомость

Учиненная в Славенсербской [illegible] провинциальной канцелярии, о состоящих в [illegible] [illegible] для службы [illegible] отданных от состоящих старшин их детях, кто оные [illegible] уездов, [illegible] уездов [illegible] Генваря 28 дня 1761 году

Имяна [illegible], которых они уездов	От каких они уездов [illegible]	
[illegible] уезда [illegible]	От [illegible] уезда [illegible] старшин [illegible]	
[illegible] уезда Иван [illegible]	[illegible] уезда [illegible]	Оные [illegible] 1750 году [illegible] 1752 [illegible]
[illegible] уезда Андрей [illegible]	[illegible] уезда [illegible]	

25

[illegible]	Оттоди [illegible]
[illegible] уѣзд. Пете [illegible] Попа [illegible] Хореве Христофоров. [illegible]	Оадзи [illegible] уѣзд [illegible] Христофоров.

Оньи [illegible] [illegible] [illegible] жалованье.

[illegible]

Первое посольство Осетии в Санкт Петербурге

Вместо предисловия

Летопись отношений дружбы и взаимной поддержки между народами России и Южной Осетии уходит вглубь времен. Осетинский народ издавна видел в Российском государстве естественного и надежного союзника.

Чрезвычайный и Полномочный Посол Республики Южная Осетия в Москве Д.Н. Медоев определил предметом своего рассмотрения в представляемом издании пласт событий, которые относятся к середине XVIII века – периоду установления официальных российско-осетинских отношений. Это эпоха стремительного подъема Российской империи, энергично вышедшей на широкую международную арену после преобразований Петра I. И это же время, когда осетинский народ на новом этапе этнической консолидации был поставлен перед необходимостью сделать серьезный выбор в своей исторической судьбе. Именно поэтому и отправилось в Санкт-Петербург первое осетинское посольство.

Тогда было положено начало тесному и многогранному русско-осетинскому общению, которое на протяжении последующего совместного государственного сосуществования двух народов принесло поистине замечательные плоды. Подтверждение этому, в частности, – та видная роль, которую сыграли представители осетинского народа в различных областях жизни России на всех последующих этапах ее истории, включая советское время.

Прочность уз дружбы и братства в полной мере проявилась в августе 2008 года, когда Россия выступила на защиту Южной Осетии, подвергшейся вероломному нападению режима Саакашвили. Российская Федерация стала гарантом независимости Южной Осетии, возрождения и дальнейшего подъема молодой республики, ее становления в качестве современного демократического государства. Сейчас Москву и Цхинвал связывают всесторонние партнерские отношения, опирающиеся на прочный правовой фундамент. Искренне желаем народу Южной Осетии успехов в решении масштабных задач государственного строительства и на деле помогаем этому.

После установления между нашими странами дипломатических отношений в российской столице вновь появилось осетинское посольство – дипломатическое представительство Республики Южная Осетия. Миссия успешно работает, вносит важный вклад в дело комплексного развития российско-югоосетинских связей.

Рекомендую читателям данное выстроенное на научной основе и, в то же время, изложенное популярным языком исследование профессионального дипломата и моего уважаемого коллеги Дмитрия Николаевича Медоева. Оно представляет собой достойный вклад в создание объективной истории Кавказа, убедительный ответ всем, кто пытается сфальсифицировать роль России и характер развивавшегося российско-кавказского взаимодействия.

Анализ исторических предпосылок и обстоятельств первого официального российско-осетинского контакта весомо подкрепляет нашу убежденность в том, что союзнические отношения между Москвой и Цхинвалом будут углубляться и совершенствоваться на благо обоих народов, в интересах обеспечения стабильности и безопасности в регионе.

Г.Б. Карасин,
Статс-секретарь,
заместитель Министра
иностранных дел Российской Федерации

Предпосылки русско-осетинских отношений

Средневековая Алания - государство алан, потомками которых являются современные осетины, было разрушено в результате нашествия многочисленных монголо-татарских орд в XIII-XIV веках. Длительные жестокие войны обескровили алан и привели страну к демографической катастрофе. Тесные ущелья Главного Кавказского хребта стали надежным укрытием для тех небольших групп, которым удалось выжить в этих войнах и отступить на юго-восток некогда могущественной Алании.

Лишившись своей государственности, аланы-осетины жили замкнутыми обществами, несколько веков обороняясь в неприступных горах от многочисленных набегов и нашествий. Они сохранили свою христианскую веру и язык, древнейшие обычаи и культуру и, в суровых условиях сумели спасти народ от физического истребления.

Осетины жили обществами, представлявшими собой своеобразные «кантоны», объединенные в одну «конфедерацию», но имевшие полностью самостоятельное управление. К XVII-XVIII векам в Осетии было уже достаточно и населения и ресурсов, чтобы ставить перед собой задачи не только физического выживания, но и стратегического плана - воссоздания утраченной государственности.

Замкнутость в центре горного Кавказа, где ресурсы для социально-политического и экономического развития отсутствовали, не давала таких возможностей. Нехватка пахотной земли, приводившая население к обнищанию и междоусобицам в осетинских обществах, стала самой острой проблемой, от разрешения которой зависела судьба народа. И хотя равнинные территории

Центрального Кавказа, где еще оставались развалины древних христианских храмов Аланского государства – не были никем заселены, вернуться на свои исконные земли осетины не могли, опасаясь постоянных нападений со стороны соседних племен, которые контролировали все передвижения по этой территории.

Кроме того, Осетия, со всех сторон окруженная не совсем дружественными территориями, терпела всяческие притеснения и попытки привести ее в вассальную зависимость. Горными областями Осетии хитростью или силой пытались завладеть даже Картли-Имеретинские вилайеты, являвшиеся соответственно персидскими и турецкими вассалами, находившиеся в полном владении своих хозяев. А тем осетинским обществам, которые располагались в Кавказских предгорьях, постоянно угрожали набеги племенных групп, поддерживаемых Крымским ханом.

Тем не менее, возвращению на равнину не было альтернативы, но осетины понимали, что справиться самостоятельно с такой сложной задачей было невозможно. В Осетии все чаще с надеждой обращали взгляд на Россию, потенциальный союз с которой казался возможным.

Как и сейчас, так и в те далекие времена Кавказ являлся ареной острой борьбы крупных мировых держав – Турции и Персии, которые пытались вовлечь в свои военно-стратегические союзы северо-кавказские народы. Позиции России на Кавказе в этот период были ослаблены, как никогда, особенно, после заключения крайне невыгодного ей Белградского мира по окончании русско-турецкой войны в 1739 году.

Этот договор свел к минимуму активность России в регионе, поскольку в нем оговаривалось нейтральное положение Кабарды, как некоего рубежа между Россией и Турцией. Лишь после воцарения на российском престоле в 1741 году дочери Петра Великого, Елизаветы, политика

России на Кавказе стала принимать последовательные очертания и стратегический характер.

Поиск осетинами политического союзника и защитника в лице могущественного северного соседа совпал к средине XVIII века с возродившимся геополитическим интересом России в отношении Кавказа. Осетия занимала выгодное географическое положение в центре Кавказа, что делало неизбежным проезд по ее территории на юг – в Закавказье и дальше. Этот регион как нельзя больше подходил для закрепления своего присутствия.

Кроме того, в Россию поступала информация о имеющихся в Осетии богатых месторождениях серебряной и свинцовой руды. Свинец использовался в военном деле и был очень важен для России, которая вела перманентные войны. Задумав широкую стратегическую программу освоения Кавказа, Россия была заинтересована в лояльности осетин.

Одним из первых указов императрицы Елизаветы Петровны стало решение о распространении христианства среди «иноверцев». Создавались «духовные комиссии» для отправки на Камчатку, в Пекин и на Кавказ.

В ноябре 1742 года архиепископ Иосиф и архимандрит московского Знаменского монастыря Николай составили Донесение императрице с предложением о приведении осетинского народа в православную веру и принятии им российского подданства.

Очень важно, что в Донесении священнослужители указали приблизительную численность населения – *«...обоих полов более 200 тысяч человек», а также их христианское вероисповедание: «...издревле оной осетинский народ бывал православной христианской...»*.

Особый интерес вызвал пункт о том, что осетины ни в чьем подданстве не состоят: *«А ныне оной многочисленный народ...состоит в своей воли. Понеже как турки, так и персияне никто ими не владеют»*. Эти первые сведения об Осетии венчала интересующая российскую сторону информация о богатых месторождениях в горной Осетии: «*А места их изобилуют золотою, серебряной и прочими рудами и минералами, камением преизрядным*». (АВПРИ, ф. Осетинские дела, оп. 128/2, д.3. л. 2).

Одновременно с этим донесением, в 1743 году, к российской императрице обратились осетинские старшины – представители разных обществ. В их Челобитной была изложена просьба к российскому правительству помочь осетинскому народу вернуть предгорные равнинные земли Северного Кавказа – исконные земли Алании, предоставив им там защиту: «*Мы жительствуем внутри горах весьма тесно и неисправно, во всем же имеем великую нужду и недостаток, и некоторыя … нималой пахотной земли не имеют, где б могли для своего довольствия сеять хлеб и прочее, также и скот довольной содержать не могут*». *В письме было четко изложено намерение осетин «…быть под протекциею Е.И.В.»* (АВПРИ, ф. Осетинские дела, д.3, л.84).

Челобитная старшин свидетельствовала о том, что в осетинских обществах выделились политические лидеры, готовые не только формулировать задачи государственного уровня, но и предлагать их решения.

Одним из таких лидеров общеосетинского масштаба был Зураб Магкати из Зарамага - образованный и опытный политик, хорошо знавший и Кавказ, и Россию. В Челобитной, которая, без сомнений, была составлена при его участии, фактически в лаконичной форме изложена политическая программа Осетии того времени – стратегический союз с Россией, возвращение осетин на равнину и вопросы национальной безопасности.

Создание Осетинской духовной комиссии

Миссионерская деятельность была лучшим способом для России налаживать контакты с интересующими ее областями. Однако для направления духовной комиссии в Осетию требовалось получить более полную картину о внешнеполитическом аспекте вопроса, а именно, о лояльности осетин к России. Поэтому императрица Елизавета своим указом поручила Коллегии иностранных дел составить полный доклад по Осетии, тщательно изучив все интересующие Россию вопросы.

5 января 1744 года глава Коллегии иностранных дел, канцлер Бестужев-Рюмин, кропотливо исследовав «осетинское дело» по различным источникам, представил в Синод свой доклад по Осетии, в котором подчеркнул важнейшую для России мысль: осетины – народ вольный, ни под чьим владением не состоят и к России настроены благожелательно. Синод распорядился о создании Осетинской духовной комиссии и отправке ее в Осетию. (АВПРИ, ф. Осетинские дела, оп. 128/2, д. 3, л. 7).

Первая Осетинская духовная комиссия была сформирована Синодом из грузинских священников, бежавших в Россию в 20-30-ые годы XVIII века. Такое решение было принято из соображений осторожности: Россия, связанная по рукам Белградским миром, опасалась недовольства Османской империи российской внешнеполитической активностью на Кавказе. Турция сама имела серьезные интересы в отношении Северного Кавказа, и независимая Осетия, предоставленная сама себе, занимала важное место в ее экспансионистских планах.

Поэтому участие русских миссионеров в работе Осетинской комиссии было невозможно. Кроме того, некоторые из предложенных грузинских духовных лиц, хоть и слабо, могли изъясняться по-русски, знали осетинский язык, а это было немаловажно, поскольку одной из задач комиссии было не только распространение слова Божия, но и открытие школ для обучения осетин грамоте. Возглавил комиссию архимандрит Пахомий, в нее также вошли игумены Христофор и Николай, несколько священников и переводчик-осетин, Андрей Бибирюлев (Бибилты), знавший все три языка. Отправка первой духовной комиссии и, особенно, участие в этом предприятии России, были строго засекречены.

В феврале 1745 года Осетинская комиссия отправилась из Москвы в Осетию, а 12 июня того же года архимандрит Пахомий, игумены Христофор, Николай и иеромонах Ефрем представили в Синод свое первое Донесение, в котором подтвердили готовность осетин принять христианское крещение. За краткими формулировками доклада духовных лиц отчетливо прослеживалась драматическая судьба издревле христианского Аланского государства, народ которого за четыре века жесткой изоляции в неприступных горных ущельях все же сохранил остатки веры, хоть уже и не всегда понимал значения совершаемых обрядов и произносимых молитв.

Миссионеры писали о развалинах христианских храмов в Малой Кабарде, на равнинных территориях, где некогда располагались аланские городища, о том, что осетины «*Великий пост содержат весь и перед рождеством Христовым посты содержат одну неделю*». (АВПРИ, ф. Осетинские дела, оп. 128/2, д. 3, л. 10).

Примечательно в докладе наблюдение о том, что: «*осетины народ военной весьма и до хорошего оружия охотники, обхождением на российский народ очень схожи они*». Завершается Донесение важнейшей для российской стороны информацией, ради которой, собственно, была задумана миссионерская экспедиция, и которую всеми возможными способами пытались донести до императрицы осетинские лидеры: «*Здешние главные люди в Россию ехать весьма желают и принести поклонение Ея императорскому величеству и тамо креститься желают, ежели им указ будет или возмогут чем достичь*». (АВПРИ, ф. Осетинские дела. Оп. 128/2, д.3, л.25 об).

Понадобилось еще немало времени, чтобы российское правительство преодолело опасения во внешней политике и перешло к конкретным действиям по реализации перспективной программы освоения Кавказа. Святейший Синод в следующем, 1746 году, еще два раза рассматривал «осетинский вопрос», изучив новые доклады Осетинской духовной комиссии, составленные и привезенные в Петербург иеромонахом Ефремом. И вновь очевидно, что к составлению этих документов приложил руку Зураб Магкати, хорошо понимавший, что следует удерживать интерес российского правительства к Осетии всеми возможными способами.

В первом докладе, помимо готовности осетинского народа принять подданство Российской империи, содержался «реестр» о металлических рудах, обнаруженных в Осетии. В списке значились: серебро, свинец, квасцы, агат, горючая сера, селитра, аспидный камень, золотая руда, слюда, натуральный хрусталь, медная руда, мрамор, железная руда.

Во втором докладе иеромонаха Ефрема были конкретные сведения об осетинских старшинах, желающих ехать в Санкт-Петербург получить святое крещение и принять российское подданство. Среди прочих в списке старшин особое место уделено Зурабу Магкати, о котором сказано, что он: «*природной оных же осетинцов из места, зовомого Касри (Касарское ущелье), и из младенчества воспитан и крещен*». (Русско-осетинские отношения в XVIII веке. Т.I, 1742-1762 гг. М.М. Блиев. Орджоникидзе, 1976, с.85-86).

По существу, это был список кандидатур, которые могли бы составить осетинское посольство при соответствующем решении российского правительства. Т.е. осетинская сторона сама инициировала начало переговоров. Таким образом, благодаря твердой политической позиции Зураба Магкати и его активном участии в подготовке платформы, необходимой для начала русско-осетинских переговоров, важнейший для обеих сторон процесс получил решающий импульс.

15 июля 1746 года императрица Елизавета издает указ о приглашении осетинских послов в Петербург. 14 августа, согласно указу самодержицы, по представлению от Коллегии иностранных дел Сенат принял решение «*о приезде в Россию из Осетии ради крещения и для других… секретов…*». (АВПРИ, ф. Осетинские дела, оп. 128/2, д. 3, л. 34).

Весть о назначении русско-осетинских переговоров очень быстро достигла Осетии, где она была встречена с необычайным воодушевлением всеми слоями населения, получившего надежду на российскую защиту и поддержку. Во многих обществах Осетии народ устраивал пиры в честь императрицы российской, а между тем Зурабу Магкати, как двигателю всего этого процесса, предстояло формировать состав посольства и готовиться к отъезду в Петербург.

Он подошел к этому вопросу весьма ответственно, проявив исключительное государственное мышление – Зураб Магкати укомплектовал посольство из пятерых представителей осетинских обществ из каждого исторического региона: Дигории, Южной, Юго-восточной и Центральной частей Осетии.

Осенью 1746 года посольство было полностью сформировано, однако отправка его в Петербург затянулась еще на три года. Это было вызвано интригами грузинских духовных лиц во главе с архимандритом Пахомием, служивших в Осетинской духовной комиссии, которые во всем историческом процессе сближения России с Осетией преследовали исключительно свои корыстные цели.

Сведения о планах России распространились далеко за пределами Осетии, что привело в некоторое смятение российское правительство. Сенат рассмотрел новые обстоятельства «осетинского дела» и заключил, что, с одной стороны, приводить в христианскую веру осетин им никто не может запретить, поскольку это процесс добровольный, Осетия же – страна независимая.

Что же касается присяги и приведения осетинского народа в российское подданство, Коллегия иностранных дел сочла это дело преждевременным. Стало очевидно, что в результате интриг грузинской части Осетинской комиссии интерес Петербурга к русско-осетинским переговорам заметно угас. (АВПРИ, ф. Осетинские дела, оп.128/2, д.3, л. 40-40 об).

Эта неожиданная неудача, случившаяся после стольких трудов по подготовке к первым историческим русско-осетинским переговорам, была свидетельством того, что союз Осетии с Россией имел в регионе стратегический смысл. Этот союз противоречил интересам Турции, Персии и Крымского ханства, которые ожесточенно сопротивлялись каждому проявлению сближения России с народами Северного Кавказа.

Против этого союза были также восточные и западные грузинские марионеточные провинции - вассалы Турции и Персии и отдельные кабардинские феодалы, стремившиеся распространить свое влияние на Осетию. Исходя из этого, вряд ли можно считать диверсию архимандрита Пахомия накануне отправки осетинского посольства в Петербург случайным совпадением или проявлением узкокорыстных интересов. События, происходившие в следующие два года, подтверждают целенаправленный характер действий грузинских участников процесса на срыв русско-осетинских переговоров.

В этот период в Осетии объявились новые фигуранты, активно приступившие к созданию искусственных барьеров на пути подготовки переговоров. Из московской грузинской эмигрантской колонии прибыл некий Кайхосро Махотелов, родной брат игумена Николая, члена Осетинской комиссии. Всеми правдами и неправдами он добился того, чтобы его включили в состав комиссии.

Сразу после этого они развернули энергичную деятельность по дискредитации Осетинской духовной комиссии. Братья писали доносы против архимандрита Пахомия, подговаривали кабардинских владельцев не пропускать членов комиссии, направлявшихся из Осетии в Кизляр и т.д.

Скандал вокруг Осетинской комиссии получил огласку, российские власти вынуждены были разбираться со всеми доносами враждующих грузинских группировок и допрашивать то одну, то другую сторону. В конце концов, виновники смуты – братья Махотеловы были арестованы и отправлены в астраханскую тюрьму.

Между тем, получая сведения о практически полном приостановлении процесса крещения осетинского народа, русское правительство приняло решение все же пригласить осетинское посольство в Петербург, но ответа на вопрос о присоединении Осетии к России велено было не давать, опасаясь осложнений с Турцией и Персией.

Обеспокоенные такими планами, куртатинские и алагирские старшины, с которыми был и Зураб Магкати, 8 февраля 1748 года прибыли в Кизляр и подали новое письмо на имя императрицы. В письме четко указаны интересы Осетии, ради которых только и имело смысл ехать в Петербург на переговоры: «*В том надеемся, что всемилостивейшая государыня по силе нашего прошения в вечное подданство нас примет и под своею защитою с великой милостию сохранит*». (ЦГАДА, ф.259. оп.22,д.1575, л.457-458).

Осетинское посольство

Новым указом, изданным в мае 1749 года, императрица Елизавета назначила проведение переговоров с Осетией. И теперь уже нельзя было допустить никакого промедления и упускать благоприятный момент. Несмотря на все предшествующие этому моменту перипетии, русское правительство вновь выбрало архимандрита Пахомия в качестве сопровождающего посольство.

Ему же поручили собрать новый состав осетинских старшин, сделав упор на знатных людей из Дигории, видимо, рассчитывая использовать их и в дальнейшем в диалоге с Кабардой. Однако Зураб Магкати, понимая всю государственную важность предстоящего дела, отнесся к формированию посольства как настоящий лидер народа – он подобрал делегацию по территориальному принципу.

Итак, в состав исторического первого осетинского посольства вошли три представителя из знатных осетинских родов:

Зураб Магкати – из Зарамага Касарского ущелья – глава миссии;

Эба Кесати – из Закка, Южная и Центральная Осетия;

Батырмирза (Георгий) Цопанати – из Дзуарикау Куртатинского ущелья;

Послов сопровождали «служители», как правило, близкие родственники:

Канамат (Дмитрий) Магкати – сопровождал отца, Зураба Магкати;

Сергей Алгузати – из рода Агузата, родовая территория которых расположена в Южной Осетии, сопровождал Батырмирзу Цопанати;

Дживи Абайти - из села Сба, Южной Осетии, также из рода Агузата, был в свите посольства;

Таким образом, состав посольства был достаточно представительным, отражавшим интересы всех частей Осетии. То, что в разных официальных документах указывались разные имена и фамилии представителей Осетии, подчеркивало чрезвычайную секретность всего намеченного предприятия. Члены посольства прекрасно ориентировались в политических процессах, знали, какие интересы должны отстаивать в Петербурге и, какое огромное историческое значение имеет возложенная на них ответственность.

Глава посольства Зураб Магкати был наиболее искушен в политике, он был хорошо образован, свободно владел русским, грузинским и кабардинским языками. Он имел богатый опыт общения с петербургским высшим светом: с 1724 по 1734 годы он сопровождал Вахтанга VI на переговорах с российским правительством, был с ним на приеме у Петра I.

Вернувшись в Осетию, Магкати твердо был уверен, что осетино-русский союз не имеет альтернативы и занялся активной деятельностью по осуществлению этой мечты.

Зураб Магкати был широко известен не только в Осетии, но и на всем Северном Кавказе, где пользовался большим авторитетом и уважением. Он был женат на дочери дигорского дворянина из сословия «баделиата». Его обширные связи с кабардинскими владетелями, с Кавказом, глубокое понимание России, которую он достаточно хорошо изучил за десять лет, делали его незаменимой фигурой в политических процессах.

Эба Кесати был также знатного происхождения, но более всего в Осетии он был известен, как военачальник, «которому все повинуются». Кроме того, он обладал незаурядной яркой внешностью, большой физической силой. Как это принято у осетин, о полководце Эба Кесати были сложены легенды, о нем рассказывали в народных преданиях.

Батырмирза Цопанати из Куртатинского общества был, как и другие осетинские послы, известным и влиятельным человеком в Осетии. О нем сохранилось мало письменных источников, что связано с произошедшим незадолго до отправки посольства в Петербург конфликтом с кабардинцами, в результате чего был убит один человек из рода кабардинских владетелей.

Дело осложнилось до такой степени, что кабардинцы, узнав, что в составе посольства находится представитель Куртатинского ущелья, отказались пропускать посольство через свою территорию, требуя отдать им Батырмырзу для мести. Этот инцидент вынудил осетинских послов в дальнейшем давать скупую информацию о Цопанати или указывать его под измененной фамилией.

Посольство в полном составе собралось в родовом владении Зураба Магкати в горном ауле Зарамаг и 25 сентября 1749 года выступило в путь в сопровождении казачьего отряда на верховых лошадях. Казачий военный конвой, прибывший за ними из Кизляра, по пути в Зарамаг подвергся нападению отряда кабардинцев, которые знали об отправке посольства и внимательно следили за всеми приготовлениями. Им удалось даже отбить часть казаков, отставших от отряда, и взять их в плен.

Вряд ли ныне вошедшие в историю первые осетинские послы представляли, какой трудный и опасный путь им предстоит, как надолго они покидают родной край и как непросто будет добиться той исторической цели, к которой Осетия только-только приблизилась. Но каждый из них четко знал – без союза с Россией у Осетии нет шансов на выживание, и все они были готовы к трудностям.

В Астрахани, куда посольство прибыло уже в конце октября, губернатор Брылкин выделил членам делегации специальный транспорт – комфортабельные «коляски», для каждого посла отдельную. По пути из Астрахани вплоть до Москвы послы имели право останавливаться в русских городах и осматривать достопримечательности, но чрезвычайная важность миссии не позволяла им отвлекаться на второстепенные дела.

К тому же в ноябре в России уже зима, посольские кареты после Царицына пришлось сменить на сани, которые двигались значительно медленней, да и суровый климат явился серьезным испытанием для южных людей. В дороге тяжело заболел Батырмирза Цопанати, но он не позволил делегации прервать из-за него путь. И вот, на 38-й день после отъезда из Астрахани, 7 декабря 1749 года осетинское посольство прибыло в Москву. (АВПРИ, ф. Осетинские дела, оп. 128/2, д. 3, л. 71-72).

В тот же день послы Осетии были торжественно приняты на собрании правительствующего Сената, где стороны обменялись соответствующими моменту официальными приветствиями. Перед собранием выступил Зураб Магкати, выразивший благодарность «*за оказанную к ним Е.И.В. высочайшую милость*». Генерал-прокурор, князь Н.Ю. Трубецкой, верховный руководитель Сената, непосредственно взял шефство над посольством.

Сенат распорядился о размещении послов на «достойной квартире» и обеспечении их всем необходимым. Трубецкой поручил придворному лекарю приболевшего посла Батырмирзу Цопанати, от состояния которого теперь зависели сроки отъезда посольства в Петербург, потому что без него осетины не хотели ехать – состав посольства и без того сократился еще в Кизляре.

Пока Цопанати выздоравливал, в Москве велось следствие над архимандритом Пахомием. Его «деликатно» допрашивали о тех интригах, которые плели вокруг Осетинской духовной комиссии грузины Кайхосро и Николай Махотеловы. Судьбу архимандрита решила просьба осетинских старшин отправить Пахомия с ними в Петербург, поскольку его информация о работе Осетинской духовной комиссии могла пригодиться при слушании в Сенате.

Однако в результате расследования русское правительство сочло убедительными доводы Пахомия о том, что происки противников русско-осетинских связей носят политический характер. Он вновь подчеркнул, что

«Осетия – страна независимая, самоуправляющаяся, состоит она из обществ по родовому и территориальному принципу, возглавляют общества старшины. Пахомий подтвердил, что все члены посольства – люди знатного происхождения, облеченные властью в своих обществах». (АВПРИ, ф. Осетинские дела, оп. 128/2, д. 3, л. 73).

Миссия действует

9 февраля 1750 года осетинское посольство въехало в Санкт-Петербург, где их тепло встретили и поселили в «Соловьевском белокаменном доме на Васильевском острове». Уже через несколько дней Сенат рассмотрел основные вопросы, которые ставили осетинские послы: о желании осетинского народа принять российское подданство и переселении на предкавказскую равнину.

Однако принять немедленно положительное решение по таким стратегическим вопросам российское правительство оказалось не готово в условиях политической неопределенности в отношении Турции и Персии. Отказать же осетинским послам, прибывшим по собственному указу императрицы и в соответствии с интересами самой Российской империи, тоже не представлялось возможным. В связи с получавшимся замкнутым кругом Сенат оттягивал начало переговоров с прибывшими послами.

Обладая соответствующими полномочиями, посольство Осетии выполняло функции постоянно действующего дипломатического представительства в России. Под покровительством князя Трубецкого осетинские послы знакомились с Петербургом, с русской культурой, побывали на Сестрорецких оружейных заводах, где им в дар были преподнесены украшенные золотом ружья, изготовленные русскими мастерами.

5 июля 1750 года осетинское посольство Зураба Магкаева было приглашено на собрание Сената, где представители Осетии вновь высказали пожелание ускорить назначение переговоров. Им сообщили, что до проведения переговоров послов следует представить императрице Елизавете Петровне, однако она еще не вернулась в столицу.

Выступление послов, манеры и достоинство, с которым они общались с высшими чиновниками Петербурга, их образованность и заметный аристократизм сняли все сомнения относительно знатного происхождения осетинских послов.

Не дожидаясь прибытия императрицы, 16 июля 1750 года, осетинское посольство вновь пригласили на собрание Сената. И эту дату можно считать уже началом официальных русско-осетинских переговоров.

Сенаторы выслушали речь Зураба Магкати, в котором он отметил три ключевых вопроса, составлявших цель осетинского посольства в переговорах - решение проблемы вхождения Осетии в состав России, так как «*весь осетинский народ желает быть в подданстве* Е.И.В.», обсуждение проблемы внешней безопасности Осетии и решить вопрос о переселении осетин на предгорные равнины.

Понимая, что осуществление столь серьезной осетинской программы должно быть оправдано адекватным политическим интересом со стороны России, Магкати заявил Сенату, что Осетия способна выставить 30-тысячную армию. Предложение о военном сотрудничестве было достаточно веским аргументом в пользу принятия осетинской программы на детальное рассмотрение. Однако российское правительство все больше интересовал вопрос о рудных месторождениях Осетии, о которых сообщалось в осетинских прошениях еще до отъезда в Петербург («*о всяких секретах осетинской земли*»).

Зурабу Магкати пришлось придержать этот козырь на тот случай, если Сенат примет на рассмотрение изложенные в программе посольства вопросы. Он лишь высказал просьбу представить посольство императрице «для земного поклонения», втайне надеясь, что вмешательство Елизаветы ускорит достижение положительного результата переговоров.

Как и предполагалось, российское правительство было не готово к таким решительным действиям на Кавказе, будучи ограниченной в свободе проведения внешнеполитического курса в регионе обязательствами Белградского мирного договора с Турцией. Поэтому единственный выход Сенат видел в затягивании процесса в ожидании благоприятных изменений в международной обстановке. А пока сенаторы предлагали посольству не спешить на родину и продолжать выполнять послам представительские функции.

Сенат предложил осетинам также свои услуги в налаживании дипломатической почты в Осетию для доставки их писем родным и близким, за которых они так сильно беспокоились.

Следует отметить, что весь ход русско-осетинских переговоров укладывался в рамки дипломатического протокола высокого уровня.

Как и следовало главе дипломатической миссии, Зураб Магкати все выступления в Сенате делал на осетинском языке, несмотря на то, что прекрасно владел русским. Этим же объясняется тот факт, что он настоял перед отправкой посольства на включении в состав делегации официального переводчика, хотя мог бы сам справиться с этой задачей – он не мог допустить, чтобы глава посольства выступал одновременно в роли переводчика на переговорах.

Интриги и провокации

Между тем, пока в Сенате ждали смены политического климата на международной арене, шло время, которое максимально использовали для создания новых препятствий русско-осетинским отношениям засланные с этой целью эмиссары грузинских вассалов Османской империи и Персии.

Это были известный уже Кайхосро Махотелов, который, как выяснилось, бежал из-под следствия из Москвы в Петербург, и некий Иосиф Эристов, называвший себя грузинским принцем и требовавший на этом основании определенных льгот для себя от русского правительства. К антиосетинской кампании примкнули также протурецко настроенные представители грузинского царского двора в Петербурге.

Сначала Махотелов пытался войти в доверие к осетинским послам через служителей и отговорить их от ведения переговоров с русскими. Зураб Магкати категорически запретил членам посольства общаться с этим человеком. Тогда тот стал запутывать Сенат, направляя один за другим доносы на всех, кто участвовал в переговорах.

Надеясь, что без переводчика русско-осетинские переговоры зайдут в тупик, Кайхосро Махотелов и Иосиф Эристов в марте 1751 года наняли двух солдат и вместе с ними совершили нападение на осетинское посольство. Им удалось прорваться в здание, схватить переводчика Вениамина Ахшарумова и жестоко избить его. Однако увезти его с собой им не удалось, так как к тому времени подоспела охрана посольства.

После этого инцидента Зураб Магкати попросил аудиенции у князя Трубецкого. Во время встречи он настоятельно просил генерал-прокурора об усилении охраны посольства, отметив при этом, что русское правительство потратило слишком много времени, реагируя на провокации грузинских эмиссаров, засланных специально для срыва переговоров.

Трубецкому и самому стало ясно, что отчасти им это удалось – все последнее время в Сенате вместо переговоров занимались выяснением происхождения осетинских послов и их правомочности. В затянувшемся на много лет следствии по бесконечным грузинским доносам была поставлена точка.

Переговоры возобновились. Сенат пригласил осетинское посольство на собрание. Здесь уже Зураб Магкати в полной мере использовал все свои способности, чтобы вернуть русское правительство к обсуждению именно тех вопросов, ради которых посольство находилось в Петербурге.

Сенат объявил, что послы в ближайшее время будут приняты императрицей Елизаветой Петровной. Коллегии иностранных дел были даны соответствующие поручения. (АВПРИ, ф. Осетинские дела, оп. 128/2, д. 3, л. 73-82).

29 октября 1751 года осетинских послов принял статс-секретарь, советник Коллегии иностранных дел В.М. Бакунин, считавшийся специалистом по Северному Кавказу. Он положил перед послами карту, составленную в 1744 году, и попросил отметить на ней те места, откуда они приехали, и куда хотели бы переселиться осетины. Послы дополнили карту отсутствующими объектами – к примеру, там не была указана река Гизельдон – и отметили территории, предпочтительные для переселения.

Это были предгорные равнины Северного Кавказа по течениям рек Фиагдон и Ардон, «земли свободные и вольные». Однако Коллегия иностранных дел была склонна все же строго подчиняться Белградскому договору и предлагала осетинам места в районе станицы Червленой на российской границе. Это было неприемлемо для осетин, желавших все же держаться ближе к горам.

Об отношениях с Кабардой послы отзывались сдержанно. Они отметили, что с кабардинцами у осетин дружественные отношения, однако часть кабардинских владетелей проявляет непонимание принятию осетинами христианства.

На этом туре переговоров послы постарались не поднимать вопроса о российском подданстве, видя, что уже только разговор о переселении оказался достаточно сложным для положительного его решения. Они лишь заверили статс-секретаря В.М. Бакунина, что хотели бы только встретиться с императрицей Елизаветой Петровной «для поклона и благодарения».

Официальный прием Императрицы

По итогам этих переговоров Коллегия иностранных дел подготовила доклад для канцлера Бестужева-Рюмина, который затем изложил свою позицию Сенату и императрице. Он больше других сенаторов был склонен согласиться на переселение осетин на предгорные равнины, однако не допускал и мысли о том, чтобы российскими силами защищать их поселения от кабардинцев.

Канцлер подчеркивал важное стратегическое расположение Осетии в центре Кавказа, откуда можно было бы контролировать дороги в Закавказье, в связи с чем Осетия представляла для России значительный интерес. Учитывая это, он отметил, что желательно поддержать предложения осетинского посольства. Безусловно, реализации этих предложений мешал ряд обязательств внешнеполитического характера, которыми было связано правительство и, тем не менее, - считал канцлер, - «*для свободного чрез них проезда в Грузию…кажется надобно со здешней стороны удобь возможным образом чинить им приласкание*». (АВПРИ, ф. Осетинские дела, оп. 128/2, д. 3, л. 92 об).

Также в докладной записке канцлер предусматривал определенные льготы для развития торговых связей осетин с русской пограничной линией: освободить их от уплаты пошлин в Кизляре и Астрахани. Со своей стороны Осетия должна была взять обязательство «*российских подданных людей, каковым бы они нещастливым образом в руки их ни попадали, отдавать в российские города*». (АВПРИ, ф. Осетинские дела, оп. 128/2, д. 3, л. 94 об.).

Что касается основного вопроса – присоединения Осетии к России, Бестужев-Рюмин считал, что для решения столь сложного вопроса в существующей международной обстановке не созрели еще необходимые условия. «*При всем же том, о действительном их в подданство принятии, кажется, надобно умолчать, да и присягою при первом случае их не обязывать*». (Там же, л.94 об.).

Сенат полностью согласился с положениями представленной докладной записки Бестужева-Рюмина, который определял внешнеполитический курс Российской империи.

В декабре 1751 года состоялся официальный прием осетинского посольства императрицей. Как и было рекомендовано в докладной записке Бестужева-Рюмина, Елизавета Петровна благосклонно приняла послов, обещав им «высокомонаршую милость» и лестно отозвалась об осетинском народе и его приверженности христианской вере. В свою очередь, Зураб Магкати поблагодарил императрицу российскую за благосклонность и теплый прием, оказанный осетинскому посольству. Императрица распорядилась о преподнесении послам богатых даров. (АВПРИ, ф. Осетинские дела, оп. 128/2, д. 3, л. 100 об.).

Прием у Елизаветы Петровны, без сомнения надо рассматривать как знаковое событие, основной вехой в установлении русско-осетинских отношений как следствие успешных дипломатических контактов на высшем уровне.

После приема послов переговоры продолжались. Сенат еще раз рассмотрел план Бестужева–Рюмина и принял его с незначительными дополнениями: о переселении осетин на земли, отмеченные Зурабом Магкати на карте у советника Бакунина, и об освобождении от таможенных пошлин.

Астраханскому губернатору предписывалось: «*А которые будут приезжать для продажи своего скота и протчего купечества, и их от обыкновенных пошлин против других горских народов уволить, ибо та пошлина вместо их имеет браться с российских купцов*». (Там же, л. 100 об.).

Чтобы нейтрализовать или минимизировать негативное восприятие кабардинскими князьями принятых Сенатом решений, Бестужев-Рюмин составил специальное письмо к Альдигирею Гиляксанову, кабардинскому владельцу: «*Почтенный господин Альдигирей, владелец кабардинский, были здесь в приезде с архимандритом Пахомием осетинские нашего христианского закона старшины Зураб, Елисей и Егор, которые по своей воле к вам благодарности хвалились вашею к ним дружбою. А понеже оные осетинцы по ближнему их с вами соседству через ваше владение в Кизляр для торгов и протчих своих нужд ездить имеют, того ради и в разсуждении являемой к вам от Е.И.В. моей всемилостивейшей государыни высочайшей милости, я вам рекомендую и впредь с оными жить в дружбе и добром согласии…*». (ЦГАДА, ф.259, оп. 22, л.1575, л. 624).

Посольству была выделена охрана в дорогу, четырнадцать подвод для транспортных нужд, вручены богатые подарки от российской императрицы. 28 января 1752 года посольство в полном составе явилось на прощальный прием устроенный в Сенате.

Собрание правительствующего Сената просило послов и впредь стремиться склонять осетин к принятию христианского крещения и российского подданства. Послы благодарили правительство за теплый прием и благосклонное отношение к их миссии в Петербурге. 1 февраля 1752 года посольство выехало из Петербурга в Осетию и ранней весной вернулось на родину. (АВПРИ, ф. Осетинские дела, оп. 128/2, д. 3, л. 116, 117).

Итоги русско-осетинских переговоров

Дипломатический опыт осетинских лидеров имел огромное значение для Осетии. Первые осетинские послы Зураб Магкати, Эба Кесати и Батырмирза Цопанати, преодолев упорное сопротивление многочисленных противников российско-осетинского союза, добились установления тесных дипломатических отношений между Осетией и Россией и открыли путь к сотрудничеству с могущественной северной державой.

Тот факт, что посольство было принято на самом высоком уровне императрицей Елизаветой Петровной уже указывает на то, какое важное значение придавала Россия союзническим отношениям с Осетией, которую воспринимала как единую страну с единоверным населением.

Объективно же вопрос, представлявший жизненно-важный интерес для Осетии, на этом этапе не мог быть решен в условиях, когда Россия была обременена тяжелыми международными обязательствами и не могла позволить себе осуществления своих геополитических интересов на Кавказе.

Осетия не могла быть принята под протекторат Российской империи до определения своих отношений с Турцией. Однако детальное ознакомление российского правительства с осетинским вопросом приблизило проблему, позволило на ней сфокусироваться и заставило искать реальные политические шаги для ее решения. Таким образом, Осетия не получив ответа на просьбу о присоединении к России, не получила и отказа в этом, т.е. вопрос был отложен до оптимальных внешнеполитических обстоятельств.

Россия и Осетия убедились в закономерности стремления навстречу друг другу и в исторической неизбежности этого процесса. Осетия получала, благодаря России, жизненное пространство, в ее лице - странузащитницу, а Россия в лице Осетии – единоверного и надежного союзника в стратегически важном для себя регионе. Нужен был новый расклад международных сил, чтобы приступить к осуществлению этих планов.

Переселение осетин на объявленные вольными и свободными земли вдоль рек Фиагдон и Ардон – исторические земли древней Алании – было поддержано российским правительством, однако до строительства в этих местах русских военных крепостей безопасность переселенцев не была гарантирована. Этот вопрос также оставался нерешенным, но уже прочно находился в поле зрения русского правительства, как один из наиболее перспективных в кавказской политике России.

Важным итогом переговоров можно считать также и успех в экономической стратегии осетинских дипломатов - соглашение по беспошлинной торговле, которую осетины теперь могли вести с Россией, привозя свои товары в Кизляр и Астрахань.

Таким образом, первые русско-осетинские переговоры положили начало новому этапу в истории всей Осетии и осетинского народа. Приблизили его к историческому соглашению о присоединении Осетии к России.

Уже при правлении Екатерины II, Великой, накануне новой русско-турецкой войны, начиная с 1766 года, российское правительство вновь начинает проявлять интерес к Осетии. Теперь уже ставились более масштабные задачи – не просто завоевание благосклонного расположения местного населения к России, но квалифицированная разведка рудных месторождений и, по возможности, строительство поблизости от них плавильных заводов, строительство дорог и т.д.

В 1767 году Берг-коллегия, ведавшая горными разработками, просит Сенат выяснить политические обстоятельства края для того, чтобы можно было направить туда экспедицию с целью подробного изучения его недр. Сенат поручил Коллегии иностранных дел представить доклад о политических обстоятельствах Осетии.

В подготовленном докладе руководитель Коллегии иностранных дел граф Н.И. Панин и канцлер А.М. Голицын отметили, что осетины «давно просят, чтобы они приняты были прямо в нашу протекцию и от причиняемых им утеснений защищены». Но они учитывали, что присоединив Осетию к России, ее следовало бы «оборонять», между тем. Это «затруднительно и по положению их жилищ в горах», и «при всем том подалась бы и Порте Оттоманской напрасная причина к неудовольствию и подозрению». (АВПРИ, ф. Осетинские дела, оп. 128/2, д. 1, л. 544).

25 сентября 1768 года Турция объявила войну России. В этой войне России важна была поддержка осетин при переходе через Кавказский хребет и ведения совместных действий против Турции. В особо важных местах вдоль продвижения по Дарьяльской дороге Военная Коллегия решила учредить казачьи посты. Осетины оказывали

помощь русской армии, а зачастую вступали в нее и принимали участие в военных действиях.

Учитывая этот фактор, а также обращения осетин о вступлении в российское подданство, российское правительство стало использовать практику принятия присяги на верность России. Такие «присяжные листы» в 1771 году подписали осетины Куртатинского, Тагаурского и Алагирского ущелий, что можно было квалифицировать как принятие подданства целыми обществами.

10 июля 1774 года был заключен Кючук-Кайнарджийский мирный договор. Коллегия иностранных дел так комментировала новую ситуацию с Кабардой: «*Во время настоящее, когда кабардинцы по переменившимся обстоятельствам всего тамошнего края и сами принадлежат действительно к подданству здешнего императорского скипетра, всякие в разсуждении их (осетин) меры свободны уже от зависимости соглашения с Портою и Крымом*». (АВПРИ, ф. Осетинские дела, оп. 128/2, д.1, л.1408).

В конце октября – начале ноября 1774 года состоялись русско-осетинские переговоры в Моздоке, назначенные российской стороной для официального юридического закрепления факта присоединения Осетии к России по Кючук-Кайнарджийскому мирному договору. От российской стороны вел переговоры астраханский губернатор Петр Никитич Кречетников, ведавший вопросами Кавказа, от осетинской же стороны – посольство из 20 старшин Куртатинского и Алагирского обществ. Они подали губернатору «прошение» из 8 пунктов, в одном из которых осетины выражают надежду, что будут приняты под протекцию «всемилостивейшей нашей государыни».

В ходе переговоров также обсуждались общие вопросы безопасности и отправку в Осетию русских духовных лиц для проповеди христианства и другие.

Узнав о переговорах, к губернатору астраханскому направлялись десятки осетинских делегаций с изъявлением желания присоединиться к России. Губернатор Кречетников писал императрице Екатерине II: «*Осетины близ грузинских границ (т.е. современной Южной Осетии) без вызова, а только по единому слуху*» *о русско-осетинских переговорах* «*явились в Моздок*».

«*Видя сей их поступок, не мог инако принять, как с похвалою, обещая им В.И.В. монаршее покровительство*». (АВПРИ, ф. Осетинские дела, оп. 128/2, д. 1, л. 194 об.).

Таким образом, в результате успешно закончившейся русско-турецкой войны 1768-1774 гг. и русско-осетинских переговоров в Моздоке в 1774 г. единая Осетия в результате проведенных переговоров вошла в состав Российской империи.

С тех пор осетино-российские отношения прошли через непростые испытания временем и постоянно меняющейся политической конъюнктурой. Это были и карательные экспедиции русской армии в Осетию по «заказу» новых грузинских князей в первой половине XIX века, и имевшее место разделение единой Осетии на северную и южную во времена большевистской революции 1917 года...

Однако политика оставалась в стороне от исторических связей двух народов, общие исторические корни и духовное родство которых не смогли разрушить никакие ветры перемен. Осетины вписали немало достойных страниц в историю Российской империи и Советского Союза, принимая участие почти во всех значимых событиях страны в XVIII-XIX веках, а во время Великой Отечественной войны 1941-1945 годов героически воевали вместе с другими народами за свободу своей страны против фашизма.

На этом этапе новейшей истории осетино-российский союз не только сохранился, но и упрочился. Это показали события августа 2008 года, когда, презрев международное давление, Россия вступилась за народ Южной Осетии, который в результате варварской грузинской агрессии оказался перед прямой угрозой физического истребления.

Осетия никогда не ставила под сомнение правильность исторического выбора, сделанного 260 лет назад. Первое осетинское посольство 1749-1751 годов, возглавляемое Зурабом Магкати, сумело в непростых политических условиях доказать России взаимную важность и нужность государственного союза с Осетией. Эту политическую победу следует справедливо считать подвигом во имя будущего своего народа.

Сегодня, Посольство Республики Южная Осетия в Российской Федерации, учрежденное 260 лет спустя после этих исторических событий, является историческим правопреемником первого посольства Осетии в Санкт-Петербурге и с достоинством и честью продолжает генеральную линию, выработанную своими выдающимися предшественниками – союз с Россией.

Союз во имя будущего, с благодарностью и почтением к памяти предков.

Table des matières

www.ingramcontent.com/pod-product-compliance
Lightning Source LLC
Chambersburg PA
CBHW070852280326
41934CB00008B/1405
* 9 7 8 1 7 7 0 7 6 7 6 2 1 *